Web 3.0

打造良好体验的品牌方法论

施 襄 ◎ 著

化学工业出版社

·北京·

内容简介

当前，随着区块链技术的发展，作为下一代互联网的 Web 3.0 也逐渐受到更多关注。在新的时代下，品牌应如何布局？本书以 Web 3.0 时代下的品牌方法论为切入点，为品牌的发展指明方向。

《Web 3.0：打造良好体验的品牌方法论》不仅从发展历程、技术底座、经济模式、商业生态体系等方面对 Web 3.0 时代进行了整体描述，还从品牌战略升级、品牌营销革新、品牌迭代路径拓展、虚拟品牌时代开启、自品牌爆发、品牌 IP 重塑等方面全方位拆解了品牌在 Web 3.0 时代下的发展方法论，为品牌的发展指出了多条可行的路径。

本书适合互联网创业者、企业家、品牌营销从业者等相关人士阅读。希望读者可以从中学到打造品牌的方法论，从而更好地适应 Web 3.0 时代的发展。

图书在版编目（CIP）数据

Web 3.0：打造良好体验的品牌方法论/施襄著． —北京：化学工业出版社，2023.8

ISBN 978-7-122-43546-0

Ⅰ．①W⋯　Ⅱ．①施⋯　Ⅲ．①品牌战略　Ⅳ．①F272.3

中国国家版本馆CIP数据核字（2023）第094628号

责任编辑：刘　丹　　　　　　装帧设计：王晓宇
责任校对：刘曦阳

出版发行：化学工业出版社
　　　　　（北京市东城区青年湖南街13号　邮政编码100011）
印　　装：大厂聚鑫印刷有限责任公司
710mm×1000mm　1/16　印张14¼　字数143千字
2023年10月北京第1版第1次印刷

购书咨询：010-64518888　　　　售后服务：010-64518899
网　　址：http://www.cip.com.cn
凡购买本书，如有缺损质量问题，本社销售中心负责调换。

定　　价：78.00元　　　　　　　版权所有　违者必究

在激烈的市场竞争中，把握住时代发展趋势的企业才能够获得更好的发展。而在互联网技术不断迭代的当前，Web 3.0将引领互联网下一阶段的发展。在此趋势下，企业有必要深入了解Web 3.0，明确品牌在Web 3.0时代下的发展路径，并尽早展开积极探索。只有这样，企业才能够在新时代下抢占先机，实现长久发展。

本书聚焦Web 3.0时代下企业打造品牌的需求，不仅对Web 3.0的相关理论进行了深入讲解，还指出了企业应对Web 3.0时代的挑战，获得长久发展的方法论。

本书前4章讲解了Web 3.0的起源、特征、趋势，以区块链为核心的技术底座，以DeFi为表现形式的经济模式，重构"人、货、场"的商业生态体系等。全面讲解Web 3.0理论，让读者能够对Web 3.0建立一个清晰的认知。

本书后6章对Web 3.0时代下的品牌方法论进行了拆解，包括品牌战略升级、品牌营销革新、品牌迭代路径拓展、虚拟品牌时代开启、自品牌爆发、品牌IP重塑等。在Web 3.0时代，虚拟市场的爆发将为品牌打造提供助力，品牌的战略、营销方式、迭代路径等都会发生改变。在创作者经济爆发的趋势下，不仅虚拟品牌将得到极大发展，创作者个人打造自品牌也将成为趋势。在各种先进技术手段的支持下，品牌IP将更加立体，实现IP重塑。

本书致力于在讲解Web 3.0理论知识的基础上，有步骤、有重点地向读者讲解新时代下品牌持续发展的方法和技巧。同时，本书融入了百度、迪士尼、敦煌研究院、星巴克等多个企业打造品牌的案例，在展现行业动态的同时也能够为品牌发展提供有效的指导，让读者可以从众多品牌的布局中深入了解激活品牌、实现品牌长久发展的方法，积累更多品牌打造经验。

当前，Web 3.0潮流席卷而来。腾讯、阿里巴巴等互联网巨头已经扛起了向Web 3.0时代进军的"大旗"。更多的品牌通过战略、产品、营销方式等方面的变革，积极布局Web 3.0。在时代趋势下，品牌只有抓住机遇、"抢滩着陆"，才能够在新蓝海中获得高收益。

著者

目录 CONTENTS

第 1 章

初识 Web 3.0：
起源＋特征＋趋势

Web 3.0以Web 2.0为基础，是Web 2.0的下一发展阶段，具有多维互联、高效传播等特征。随着网络数据库功能的不断完善，移动、去中心、微式传播不断深化，Web 3.0将与科技创新深度融合，带领互联网用户进入更加丰富、多元的网络时代。

1.1 起源初探：Web 3.0是互联网迭代的结果

科技的进步推动了互联网的更新迭代。如今，互联网正处于由Web 2.0向Web 3.0变革的重要节点，加强Web 3.0的战略预判和前瞻研究对于加快互联网时代的变革步伐具有重要意义。

1.1.1 从Web 1.0到Web 3.0

随着经济与新兴技术的发展，互联网技术也在不断迭代。互联网的发展大致可以分为3个阶段：Web 1.0、Web 2.0和Web 3.0。

1.Web 1.0

Web 1.0为人机单向互联时代，以门户网站为主体，以搜索、浏览工具为核心，以编辑为主要特征。Web 1.0通过网页、电子邮件、搜索引擎等功能拓宽用户获取信息的方式，为用户创造便捷的信息搜索渠道。不过，Web 1.0时代网站所呈现的内容是由网站编辑人员选择、编辑、处理后生成的，用户无法编辑网页信息，只能被动浏览网站提供的内容。

Web 1.0主要有3个特征：一是网页是只读模式，用户只能浏览网站内容；二是网站以技术创新为主导，信息技术是网站发展的关键；三是盈利模式单一，点击量是网站盈利的主要来源。Web 1.0的代表平台有谷歌、搜狐、新浪、百度等。

2.Web 2.0

Web 2.0即移动互联网时代，以互联网用户为主体，以社交和支付等服务为核心，允许互联网用户不受限制地传播和编辑信息。Web 2.0在网页的单向浏览方面增设了交互功能，互联网用户既是网站内容的浏览者，又是网站内容的创造者。这使得网站与用户之间真正实现互联互通，大大提升了用户的搜索体验，为用户生活带来了极大的便利。

Web 2.0主要有3个特征：一是用户参与网站内容创作；二是注重交互性（不同网站之间、同一网站不同用户之间、用户与网站服务器之间）；三是以用户的集体智慧和力量为主导。Web 2.0的代表平台有Twitter（推特）、Facebook（脸书）、微信、抖音等。

3.Web 3.0

Web 3.0为去中心化时代，主要基于区块链，区块链是由许多服务器组成的分散网络。在Web 3.0时代，用户的角色开始向开发者转变。用户能够通过为网站提供优质服务而参与到网站创作中，并从中获得奖励，从而形成一个安全且强大的去中心化网络。

Web 3.0主要有3个特征：一是万物互联，Web 3.0时代的网络将最大化地打破时间与空间的限制；二是网络世界三维化，Web 3.0将构建更加真实的三维网络世界；三是去中心化，Web 3.0数据在设备之间传播，并供用户自由访问，用户掌握对自身数据的控制权。代表平台有去中心化的云端存储系统Filecoin、浏览器Brave、虚拟现实平台Decentraland等。Web 3.0与AI、VR、AR（Augmented Reality，增强现实）、5G等新兴技术融合发展，正在塑造众多行业的新生态。

Web 1.0到Web 2.0，再到Web 3.0，既是互联网的发展过程，又是互联网技术的革新过程。量变引发质变，未来，Web 3.0将不断发展，催生新的生态。

1.1.2　Web 3.0变革Web 2.0：重塑信任与沉浸感

互联网时代的后浪滚滚向前，Web 2.0的信任链条面临崩溃的风险。Web 2.0到Web 3.0实际上是一个不断重塑信任链条，为用户打造新的沉浸式体验的迭代过程。

在Web 2.0时代，用户有能力成为互联网世界的共创者，但没有相应的权限，也就没有足够的参与感。并且，随着Web 2.0的蓝海被逐渐"染红"，部分平台为了巩固市场地位开始透支用户的信任，甚至滥用数据访问权限。例如，过度索取用户隐私权限，以商业化算法干扰用户决策等。这些现象导致 Web 2.0 时代的用户对互联网的信任度越来越低，越来越多的用户提出关闭信任授权，避免隐私泄露问题的发生。这也催生了 Web 3.0 时代的到来。

Web 3.0 诞生的重要意义之一，就是用信任纽带重塑数字文明。Web 3.0 将平台滥用数据访问权限、以商业化算法干扰用户决策等行为扼杀在摇篮里。例如，欧科云链在平台中运用大量共识算法，建立起公正、稳定的链上秩序，使用户能够参与后续的共建。

许多企业已经设置了区块链浏览器载体，用户可以通过图表工具和浏览器模块轻松掌握链上数据，随时掌握互联网数据动态。

Web 3.0 着重于保护用户权益，让用户拥有数据权，避免大数据和算法"收割"用户，以重塑互联网与用户之间的信任，建立坚固的信任纽带。

除了重塑信任外，打造沉浸式体验也是 Web 3.0 带来的革新之一。以百度元宇宙歌会为例，百度元宇宙歌会是由百度人工智能赋能的国内首档 Web 3.0 沉浸式演唱会，具有很强的交互性。歌会首次集合了 AI 和 XR（Extended Reality，扩展现实）技术，打破时间、空间局限，搭建奇幻激光舞台，与用户实现同屏互动。

此次歌会以元宇宙为场景，以百度的强大 AI 技术为驱动力，在各个节目内容的制作中融入 AI 技术，包括作词作曲、编舞设计、场景布置等。例如，百度利用 AI 补全残缺的《富春山居图》，并还原画作风格。百度 AI 使知名历史画作与当代技术结合，还原画作原貌，让观众感受到画作的魅力与科技的震撼力。

此次歌会构建了完整的 Web 3.0 全链路场景，整合了百度 Web 3.0 产品矩阵，如"希壤"元宇宙平台、数字人和数字藏品，并浓缩了"黑科技"、3D 奇幻舞台效果和国潮风格。数字人与明星虚实结合的共同演绎，使数字人与观众之间产生情感连接，为观众打造现实世界与虚拟世界深度融合的沉浸式视听盛宴。

无论是在重塑信任方面还是打造沉浸感方面，Web 3.0 都是对 Web 2.0 的一次重大升华与革新。相信在不久的将来，Web 3.0 能够使用户真正进入跨越时间、空间限制的沉浸式虚拟空间。

∧ 1.1.3　Web 3.0 vs 元宇宙

Web 3.0 致力于解决用户内容所有权和信息安全的问题，是一个开放、终极、无须权限、无须信任的理想网络生态。而元宇宙则是一个集合了 Web 1.0 至 Web 3.0 所有技术精华的虚实结合的未来世界。

Web 3.0 与元宇宙一体两面，相辅相成。Web 3.0 可以看作元宇宙的核心技术层，代表着元宇宙技术发展方向，是元宇宙的技术支持和基础设施；元宇宙是 Web 3.0 技术的应用成果之一，代表着 Web 3.0 应用场景的未来发展趋势，是 Web 3.0 的上层建筑。

Web 3.0 侧重于人与信息所有权关系的变化。在 Web 2.0 时代，用户的数据资产被中心化的公司所掌控，而 Web 3.0 能够使用户掌握自身数据资产的所有权和其他衍生权利。元宇宙侧重于人与信息交互方式的升级，致力于塑造人与信息的沉浸式交互场景，使人们在虚实结合的世界中获得更加沉浸、真实的体验。

Web 3.0的底层技术是区块链，组织范式是DAO（去中心化自治组织），数字商品是NFT（非同质化代币），金融系统是DeFi（去中心化金融）。这些为元宇宙的构建与发展提供了相对完善的基础设施保障，而区块链带来的许多创新形成了其与元宇宙的共同基础。Web 3.0每一个新的链路和解决方案都是元宇宙新的技术支撑，从而作为元宇宙的发展引擎，为元宇宙的发展提供动力。

元宇宙的最终愿景是打破人与信息的时间和空间界限，构建一个虚实结合的数字时空。Web 3.0的基础设施能够通过具体的技术形态解决很多数字化时代发展过程中难以解决的问题。例如，Web 3.0可以协助元宇宙在虚拟空间创造出真实、可靠的信用和共识，重新确定数字价值的归属和转移，通过有序的形式协助元宇宙进行数字化组织管理。

元宇宙是一个充满潜力的未来世界。随着Web 3.0基础设施的不断完善，元宇宙的价值也将更加凸显，催生更多跨时代的新创举。

1.2 核心特征：以数据价值归属为核心

在Web 3.0时代，用户可以参与互联网数据的构建，而用户所创造数据内容的控制权和所有权均归属于用户。同时，用户所创造的数据内容的价值同样由用户自主选择是否与他人签订协议进行分配。

∧ 1.2.1　去中心化运行：实现数据分布式存储

Web 3.0主打去中心化，即将数据所有权归还给用户。目前，Web 3.0较为科学的底层存储系统为分布式存储。分布式存储具有分段存储、分布式网络、多备份、难以攻击等特点，能够通过将数据分成多段，进行多节点备份。Web 3.0正处于初步部署阶段，底层基础设施的搭建尤为重要，而分布式存储是 Web 3.0基础设施建设的重要系统。

在数据使用方面，Web 3.0用户具有极强的隐私性和自主性，这需要Web 3.0网络能够提供稳固的数据基础。而分布式存储支持多个设备同时作为数据存储服务器的节点，用户能够从多个不同的位置访问存储信息集。在网络连接的情况下，若存储系统出现单个接入点故障，用户可以通过其他接入点访问网络信息，从而最大化地避免因存储系统故障而无法访问数据的风险。此外，分布式存储系统允许在多台计算机上分配工作，从而增加更多的带宽和存储量，提高存储效率和任务处理能力。

以区块链分布式存储项目Dfinity为例，Dfinity项目成立的目的之一是帮助企业、开发者以及个人更好地融入区块链网络中。Dfinity创建了互联网计算机，将Canister（互联网计算机容器）上全部智能合约和应用去中心化运行。互联网计算机只有子网，没有主网，是全球唯一突破智能合约局限性的计算机。

Dfinity借助互联网计算机新型加密算法，使互联网计算机实现全球计算机功能。Dfinity通过互联网计算机区块链，能够存储所有计算机系统软件，如分布式应用、DeFi等。互联网计算机借助自主物理网络运行，减少了对于云计算架构的依赖。同时，Dfinity采用了分层结构，自上而下分为数据中心、节点、子网、软件容器。Dfinity共有20个底层数据中心，其中11个分布在美国，6个分布在欧洲，3个分布在新加坡。

Dfinity分布式存储具有存储量大、用户友好、速度快等特征，支持RUST（程序设计语言）开发，使用户操作起来更加灵活、方便。当前，Dfinity正处于高速成长阶段，其分布式存储系统为其在Web 3.0赛道上快速发展提供了强大的助力。

分布式存储作为Web 3.0重要基础设施之一，改变了中心化平台对数据的控制。未来，分布式存储将推动Web 3.0实现更高质量的发展。

1.2.2 用户拥有自主权：权利掌握在用户手中

在Web 3.0时代，用户可以参与网络搭建，并通过自己所创造的数据内容的价值获取相应的奖励，用户享有充分的自主权，是Web 3.0时代的真正创作者。Web 3.0主要赋予用户以下4项自主权。

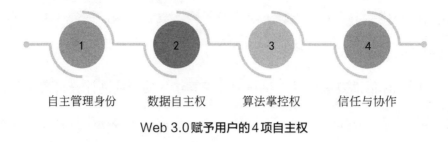

Web 3.0赋予用户的4项自主权

1.自主管理身份

用户无须在Web 3.0互联网平台开户，而是通过公私钥验签机制识别数字身份。为了在不借助互联网平台账户的条件下进行身份的可信验证，Web 3.0利用分布式账本技术构建了可信分布式数字身份管理系统和全新的公钥基础设施。分布式账本能够防止数据被篡改，是一种可信的计算范式，在此基础上，发证方、持证方和验证方之间可以点对点地传递信任。

2.数据自主权

分布式账本能够为用户提供可控的数据隐私保护方案。用户数据在分布式账本上存储，能够得到充分的密码算法保护。用户身份信息的共享与否由用户自己决定，且只有经过用户签名授权的用户数据才能被合法使用。在此基础上，用户的知情权、访问权、持续控制权等权利均能够得到更充分的保障。

3.算法掌控权

Web 3.0的智能合约具有透明可信、自动执行等优点。当智能合约被部署至分布式账本时，其代码是公开透明的。在此基础上，用户对于算法滥用行为和算法风险可以随时检验和查证。同时，智能合约无法被篡改，智能合约能够按照预定的逻辑执行，并符合预期结果。智能合约的执行情况可以被全程记录，用户全程可监测。智能合约无须依赖特定中心，用户可以自由进行数据部署，这极大地增强了用户对于算法的掌控能力。

4.信任与协作

Web 3.0 不由单一的平台控制，任何一种 Web 3.0 服务都能够由多家平台共同提供。平台能够通过分布式协议相互连接，用户可以更为方便地从一个服务商转移至另一个服务商。在此基础上，用户与建设者享有平等的权利，无须对建设者绝对信任，更不存在建设者绝对控制用户的情况。这也是 Web 3.0 分布式基础设施的显著优势之一。

在 Web 3.0 时代，没有中心化的管理者，用户是网络的参与者、建设者，也是网络的投资者、拥有者。用户通过其所掌握的自主权，能够在网络数据平台实现共创、共建、共享、共治。

1.2.3 数据广泛互联：跨链协议实现互联互通

区块链技术的发展衍生出了各类区块链应用，但大部分应用的数据较为封闭。一方面，上层区块链应用需要依赖于特定的区块链技术，产生技术孤岛；另一方面，不同架构之间的区块链技术方案数据无法互通，产生数据孤岛。

随着 Web 3.0 的发展，面对技术孤岛和数据孤岛问题，业界对区块链之间互联互通的需求越来越高，不断涌现出各种跨链实践，致力于在区块链应用开发上实现数据互信，构建互联互通的区块链技术应用和数据架构。

区块链在链上和应用端的调用接口无法达成共识，不同区块链的接入方式各不相同，导致上层应用的体系繁杂、版本过多、建设和维护成本高等问题。基于以上痛点，区块链需要形成一套统一、灵活的跨链协议，以实现对不同可信源的便捷接入与灵活操作。要想构建这样的跨链协议，就需要对以下 3 个技术环节进行抽象处理。

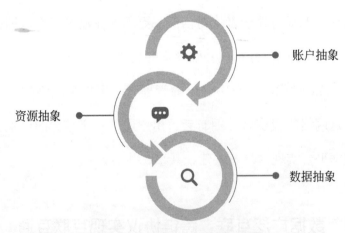

构建跨链协议的 3 个抽象技术环节

1.账户抽象

区块链中的账户分为一级账户和二级账户。一级账户是跨链系统中的统一账户，区块链应对一级账户中不同签名算法的链账户进行统一抽象；二级账户能够对链交易进行签名，是区块链上的实际账户。一级账户的私钥应该由用户管理，二级账户的私钥应该托管在账户服务中。一级账户应与二级账户通过签名的形式相互绑定。

2.资源抽象

资源抽象即将区块链上的链码和智能合约等可操作对象抽象为资源。每个资源对应一个Path（设备可执行文件的搜索路径），每个Path可准确定位资源所在的位置。具体可以从区域名开始，依次定位至区块链，再到区块链上的资源，以实现跨链调用的统一寻址。

3.数据抽象

数据抽象需要将各类区块链数据中的通用部分进行抽象，跨链协议中进行抽象的数据应为交易、区块和回执等，其中对区块的数据抽象应包括父区块哈希、区块哈希、块高、时间戳、默克尔树根等。

跨链协议有两种模式，即直连模式和中继模式。直连模式架构简单、维护成本低，需要通过路由直接相连传递跨链信息；中继模式功能强大，需要路由与中继链相连来转发跨链信息，方便权限监管与接入。在跨链协议中，两种模式无论是单一使用还是混合使用，都能够进一步实现数据的互联互通。

跨链协议有利于构建多链世界，实现不同区块链网络之间的数据交换和灵活操作，使用户通过数据共享参与数据通信，实现数据的广泛互联。

∧ 1.2.4　保护用户隐私：身份隐私＋计算隐私

在 Web 3.0 中，用户能够使用钱包掌握多个虚拟化身。用户通过虚拟化身参与 Web 3.0 网络世界的交互，用户身份是虚拟化身的集合，任何一个机构对于用户身份的认证都只是集合中的一个元素。用户身份为用户自己所掌控，这种身份也被称为去中心化身份。

相比 Web 2.0 时代的用户身份，Web 3.0 时代的用户身份在安全性、开放性、隐私性和身份控制等方面有了很大提升。Web 3.0 去中心化用户身份具有新的表现形式，用户可以将机构颁发的身份认证信息存储在用户可以掌控的区块链地址上，而这个地址往往是用户的钱包地址。同时，Web 3.0 去中心化用户身份具有新的使用方式，用户可以通过钱包登录各 Web 3.0 应用平台，这与 Web 2.0 时代的微信登录各大平台的方式较为类似，但微信登录方式往往会受到平台的限制，而 Web 3.0 时代的钱包登录能够由用户自由掌控，不受平台限制。

此外，Web 3.0 时代的隐私计算同样能够保障用户的隐私安全。隐私计算通过多方安全计算、可信执行环境、同态加密等技术，能够为用户提供多方面的数据保护，如用户私钥管理、存储数据隐私、区块链平台隐私、匿名协议等方面的保护，从而保证用户数据可用但不可见。

隐私计算能够贯穿 IaaS（基础设施即服务）基础算力层、SaaS（软件即服务）服务层等。在算力层，隐私计算作为重要的 IaaS 基础设施，与AI存在着共同的融合空间，能够为存储、计算协作和数据交换提供可信环境的算法支撑。在SaaS服务层，隐私计算能够充分挖掘数据价值，为供应链金融、社会征信、医疗等领域提供基于数据分析的应用和服务。

Web 3.0主张保护用户隐私，打造去中心化的价值互联网，从而改善Web 2.0时代用户隐私泄露的情况，使数据所有权和价值从根本上转移到用户手中。

1.3　市场趋势：Web 3.0行业爆发式增长

科技发展推动了数字经济的发展，而数字经济的发展需要依托于更加开放、高效的数字互联网。在此背景下，Web 3.0成为众多企业创业、投资的新方向。

1.3.1　创业机会：新兴Web 3.0创业公司纷纷成立

随着Web 3.0技术体系逐步建立，Web 3.0市场热度高涨，大量新兴公司涌入Web 3.0领域进行创业，将Web 3.0的发展推向一个新的高峰。新兴Web 3.0公司不断整合Web 3.0技术，引领跨时代的新型互联网创业潮流，为用户提供更精准、满意的服务。以下是近几年成立的3家典型的新兴 Web 3.0 创业公司。

1.Polygon

Polygon 是印度加密货币创业公司之一。Polygon 网络是 Polygon 生态系统首批产品之一，实质上是一种权益证明侧链。Polygon 网络以以太坊的扩展为基础任务，与以太坊相比，它的交易速度、交易吞吐量都得到了极大的提升，同时交易成本也大大降低。Polygon 网络支持以太坊虚拟机的兼容，以太坊应用程序可以轻松地迁移至 Polygon 网络。

此外，Polygon 还部署了较为热门的去中心化金融 DeFi，如 Aave（去中心化的借贷系统）、1INCH（链上聚合交易所）以及 Curve（分布式存储系统）等。Polygon 自成立以来，交易总数不断增长，成功把握了 Web 3.0 时代的创业新机遇。

2.Mysterium Network

Mysterium Network 是一家瑞士 Web 3.0 初创公司，致力于建立一个分散式 P2P 密链网络，初衷是与那些用技术窥探用户隐私、窃取用户数据的公司和实体做斗争。P2P 密链网络能够为用户提供分布式和开放式的安全网络访问，同时，用户可以借助该网络出售自己的备用带宽来赚取加密货币。为了提升网络的扩展性，P2P 密链网络还设计了去中心化的微支付系统 CORE，能够在充分保障用户权益和交易安全的基础上处理支付交易。

3.CertiK

CertiK是一家致力于提供智能合同及区块链安全服务的公司，主要由来自哥伦比亚大学和耶鲁大学的科研团队携手创立。该公司主要研究区块链安全，核心产品是CertiKOS防黑客操作系统。虽然区块链安全领域探索起来相对困难，对技术的要求很高，但区块链技术是Web 3.0时代必备的基础设施。区块链安全作为区块链的基础设计，决定了用户是否能够安心地探索Web 3.0。

该公司核心产品主要运用于去中心化金融领域，可以审核正在运行的智能合约，如果发现漏洞，就会及时更新区块链安全协议，还会主动识别可疑交易，保护用户的资金安全。

CertiK的发展十分迅速，还与NEO、ICON等知名平台达成深度合作，参与区块链的安全建设活动。CertiK成立2个月便完成了350万美元种子轮融资，从2020年6月到2022年6月，两年时间内进行了5轮融资，市值已达到20亿美元。

Web 3.0的发展带来了一大波新型创业机会，新兴Web 3.0企业还将持续涌现，为互联网经济发展提供新动能、塑造新实力。

1.3.2 投资机会：投资机构对Web 3.0的关注逐渐升温

纵观全球，众多风险投资公司纷纷在Web 3.0领域投资布局，多只专注于Web 3.0投资的基金相继成立。这直接带动了全球投资者对Web

3.0项目的投资热情。

近年来，NFT、元宇宙的概念逐渐普及，区块链、AI、边缘计算等底层技术愈加成熟，加密数字货币体量逐渐增加，Web 3.0行业规模呈现爆发式增长。其中，链游、DeFi等诸多赛道投资机会颇多。在这场Web 3.0领域投资"赛事"中，红杉资本（印度）频频出手，令人瞩目。

2021年，红杉资本打破VC（风险投资）界传统的周期制度，设立常青基金激进转型，使其在Web 3.0领域的投资具备更高的灵活性。

2022年3月7日，红杉资本参与了隐私系统Espresso Systems和Web 3.0应用程序扩展的融资。2022年3月9日，Web 3.0电子协议平台、Web 3.0基础设施公司EthSign完成种子轮融资，由红杉资本和Mirana Ventures领投。红杉资本抓住Web 3.0投资风向，竭力在Web 3.0赛道上不断前进。

此外，风投机构a16z也是Web 3.0领域较为笃定的投资者。a16z十分关注加密领域和区块链技术的发展，为此专门成立了区块链投资机构，在区块链加密领域不断扩张。a16z在加密领域的投资主要集中在分布式存储、新商业模式等方面。a16z布局了filcoin（加密货币和数字支付系统）和Arweave（区块网络）等知名分布式存储项目，利用通证激励模式和区块链技术建设去中心化的存储设施，保障数据安全。

同时，a16z还投资了OpenSea、Coinbase等知名区块链头部项目，不断围绕Web 3.0领域推出基金项目，其基金所针对的主要投资方向有去中心化内容平台、去中心化金融、加密价值存储、加密支付方式等。

Web 3.0作为下一代互联网的风口，受到a16z的关注。当下，a16z已成为Web 3.0加密领域的顶级机构之一，在一定程度上代表了Web 3.0加密领域未来发展的方向。

Web 3.0是以价值为导向的全球化投资新风向，投资者不仅需要具备一定的数据价值理念，还需要有更加多元化的全球化创新思维和抗风险能力。在恰当的时机把握Web 3.0的投资机会是投资机构实现新发展的重要战略。

第 2 章

技术底座：
区块链为 Web 3.0 提供底层支持

Web 3.0被人们认为是互联网的下一发展阶段，具有巨大潜能。然而 Web 3.0能有今天的热度，离不开区块链技术的成熟。区块链为 Web 3.0提供了底层技术支持，也为 Web 3.0的发展带来了可能性。

2.1　区块链四大技术：搭建去中心化安全网络

去中心化网络将数据存储在多个节点上，数据分散程度高，数据受损的概率相对较低。依托于四大技术：分布式存储、非对称加密、共识机制、智能合约，区块链能搭建起去中心化的安全网络。

2.1.1　分布式存储：保障数据安全

作为区块链的核心技术之一，分布式存储是一种去中心化的数据记录方式。分布式存储利用密码学技术将数据分布在区块链各个节点上，每个节点都能够获得完整的数据。即便某个节点的数据丢失了，也不会影响其他节点的运行。在安全程度和易用程度上，分布式存储远远优于传统的数据存储方式，具体表现在以下两个方面。

1.数据安全性高

传统的数据存储方案是依靠租赁互联网服务器或通过中央机房对数据进行管理，在服务器接入点增加一系列的安全防护后，才能进行内部数据和外部客户端的交互。这种组织体系是完全依赖一个中心的。

在系统论中，一个系统的中心化程度越高，出现错误的可能性也就越大。同样的，在数据存储中，数据存储方案的中心化程度越高，数据丢失或受损的风险也就越高。而分布式存储具有去中心化的特点，数据信息是分散的，这样数据在变动的时候就需要各个节点进行确认，数据安全性更高。

由于分布式存储的每一次数据变动都对应着一个时间和一个密码签名，所以数据记录的交易都是可追溯和审计的。若要改动数据，需要得到所有接入网络的多数参与者的确认，而且数据中任何一处改动都会在每一个相对应的副本中体现出来。数据记录是由所有的参与者共同更新的，一般情况下，这个过程会在几分钟甚至几秒内完成。

总的来说，分布式存储产生于区块链，在计算机技术和密码学技术的支持下得到了验证，使得各位参与者能够在数据安全性方面达成共识。分布式存储可以追溯所有信息，还可以对每个节点进行监督以保证数据安全。另外，因为每个节点上都具有数据的完整副本，所以数据被篡改的可能性非常低。即使一部分数据被篡改，也可以通过数学算法循序甄别出来。

2.信息可回溯

在分布式存储下，由于信息分布在整个网络的多个节点上，而且每个节点上的信息都是实时同步的，因此即使某个节点出现了问题，其他的节点也不会受到影响，依然能正常运行。此外，分布式存储还可以将原有系统中的信息进行备份，在面对网络攻击的时候，具有高强度的防御能力。

分布式存储的弹性和透明性为信息可回溯提供了保障。信息的回溯性问题从过去到现在几乎都是由中间机构解决的，但由于中间机构本身不掌握任何信息，因此它们没有办法保证信息的真实性。而分布式存储的数据是共享的，它独有的去中心化特征能够把所有的信息都公开地记录在各个节点上，其不可篡改性保证了信息的真实性和有效性。

相较于仍在考虑性能或容量问题的传统存储方式，区块链的分布式存储更关注通过节点实现数据的去中心化和完整备份。由于具有数据安全性高和信息可回溯的特点，分布式存储逐渐成为数据存储和管理的重要方式。

2.1.2 非对称加密：保护用户隐私

区域链在保证各个节点数据安全的同时，还运用非对称加密技术保护用户的隐私。非对称加密采用密码学的加密算法保护用户隐私，只有得到用户授权，才能够得到用户的信息。相较于其他方式，非对称加密安全性能和保密系数更高。非对称加密包含两种密钥：一种是公开密钥，另一种是私有密钥，即公钥和私钥。

公钥是公开的，所有人都能得到，但是私钥却是由用户一个人保管的，不会公开。除了用户本人外，其他人是无法由公钥推算出私钥的。另外，用公钥对其中一个私钥进行加密后，只能用相应的另一个私钥才能解密。在非对称加密中，每一对私钥都是唯一有效的，保密性较高。因此，在区块链中，信息解密、数字签名以及登录认证常常会采用非对称加密，以保护用户的隐私。

在用户交易可匿名方面，非对称加密也可以发挥作用。交易需要区块链地址作为输出地址或输入地址，而区块链地址来源于非对称加密算法，这就意味着地址之间出现重复的概率非常低。这种低重复率使得每个用户都可以在交易中生成不同的区块链地址，增强交易的匿名性。

区块链和传统中心化机构在隐私保护方面有很大区别。因为传统中心化机构是将所有的数据存储到中心服务器上，所以这种模式的侧重点是保护数据在存储和传播过程中不会被泄露，但若中心服务器遭受攻击，那么就有可能产生数据泄露问题。在区块链中，账户及密码等重要信息并不集中存储在中心服务器上，攻击者无法从中获取用户的个人信息。由此可以看出，区块链以密码学为基础，在非信任节点之间建立起信任关系，与传统的依靠中心化机构的隐私保护模式有很大不同。

从现阶段来看，区块链的节点多为私人计算机，而不是传统的中心服务器，很多关于隐私保护的算法无法适用于这一新兴技术。但在未来，区块链将以限制节点的权力、提高用户的安全意识、提升区块链供应商的防护水平作为发展侧重点，多方位保护用户隐私，提升用户在区块链网络中的体验感。

2.1.3　共识机制：搭建运行机制

共识机制指的是区块链上的各个节点并不相互信任，由于其具有去中心化的特性，因此数据的篡改需要各个节点的用户一致同意才能完成。各个节点的用户达成共识有利于区块链上所有节点之间相互信任。共识机制的存在，使得出现在区块链节点上的合作冲突问题能够被及时解决。用户可以共同维护数据安全，参与区块链系统维护工作的热情也被进一步激发。

一般来说，区块链是依据时间顺序来存储数据的，可以支持多种共识机制。共识机制可以让区块链中所有节点都存储数据，这些数据具有两个特性：一致性和有效性。一致性是指所有节点存储的数据的前缀部分完全相同，有效性则是指由某一个节点发出的数据最终会被其他节点记录到自己所在的区块链中。

区块链可以支持多种共识机制，在两种数据特性均满足的情况下，不同的共识机制会对整个区块链系统产生不同的影响。在评价不同的共识机制时，通常要从4个维度入手。

1.扩展性

区块链共识机制的扩展性主要体现在其能否支持网络节点扩展。在区块链的开发中，扩展性是一个重要因素。扩展性包括两方面内容：待确认交易数量的增加和系统用户数量的增加。在待确认交易数量和系统用户数量都增加时，区块链系统的网络通信量和承载能力是影响其扩展性的两个主要因素。

2.安全性

安全性就是指共识机制在区块链中能否避免二次支付等问题的出现，以及有没有较好的容错能力。二次支付问题是区块链金融交易中的主要安全问题。

3.资源消耗

在区块链中，各节点达成共识需要耗费一定的资源。共识机制主要是凭借计算机资源来让区块链中的所有节点达成共识的。例如，比特币的共识机制是以工作量证明机制为基础，信任证明的提供需要该机制消耗大量的计算机资源进行确认，从而达成共识。

4.性能效率

共识机制的性能效率主要体现在其在区块链中每秒可处理多少交易量。区块链共识机制的性能效率问题备受人们的关注，成为一个研究点。例如，比特币❶的共识机制就是一个基于工作量证明（PoW）的共识机制。就当前来看，该共识机制已经不仅是比特币在使用，一些公有链系统同样也在使用。

---

❶ 2021 年 9 月 24 日，中国人民银行发布进一步防范和处置虚拟货币交易炒作风险的通知。通知指出，虚拟货币不具有与法定货币等同的法律地位。

不同的共识机制所起的作用不同，区块链的主流共识机制包括以下3种。

1.PoW共识机制

PoW共识机制即工作量证明机制，区块链网络中所有节点的一致性可由PoW共识机制来维持。在PoW共识机制中，每一个参与共识算法竞争的区块链节点被称作"矿工"，而"挖矿"就是指求解随机数的过程。当区块链节点收到区块链交易或者有新的区块被创建的信息后，就会进行新一轮的"挖矿"。

在"挖矿"的过程中，新区块的区块头信息会形成哈希（散列函数）。鉴于每一个区块头中的信息都是独一无二的，所以在区块链节点的每一次"挖矿"过程中，区块的哈希值通常都是不同的。区块链节点在"挖矿"前，都会先计算出一个目标值，而这个目标值和求解的难度系数密切相关，区块链节点每进行一次"挖矿"，就会产生一个随机数。

区块链节点会把这个随机数和区块头中具有唯一性的区块头信息的哈希值进行双SHA3哈希。哈希生成的结果会继续被区块链节点拿去和目标值进行对比，若是该结果小于目标值，那么此次"挖矿"就是成功的；若没有小于目标值，那么区块链节点就会继续对那些重新生成的随机数进行运算，直至哈希的结果小于目标值。

在整个哈希过程中，计算能力是唯一的相关点。由于双SHA3具有不可逆性，因此区块链节点求解哈希结果小于目标值的过程只能依靠不断计算。所以，从区块链节点的求解速度上能看出 PoW 共识机制的计算能力。

相较于耗时较长的"挖矿"过程，PoW 共识机制的校验过程非常简捷迅速，只需要区块链节点将随机值和区块头信息的哈希值重新进行一遍双 SHA3 哈希，然后再把哈希生成的结果和目标值比较，看是否小于目标值。

2.DPoS 共识机制

DPoS（代理权益证明）共识机制是实现区块链网络去中心化和事务处理的共识协议，从而减少区块链网络中的资源消耗。

以公司董事会表决来比喻的话，董事会的股东成员就相当于区块链中的节点。在董事会表决中，所有股东都有权进行投票表决，一旦股东的投票支持率超过 51%，那么董事会的某一决定就能通过。DPoS 共识机制下的区块链节点与其类似，各节点达成共识就意味着有效，DPoS 共识机制会将权力分发给区块链中的所有节点，所有节点达成共识就意味着交易能够顺利进行。

在董事会表决中，"代表"是一个关键性角色。代表就相当于区块链中生成区块的节点，想要成为代表，首先要做的就是支付一定量的保障金，证明自己是可信的。每个用户都可以选择自己信任的代表，投票数排在前列的代表就可以依照时间顺序生成区块。

3.PoS共识机制

PoS（权益证明）共识机制是从中本聪提出的币龄概念中衍生出来的。该共识机制和PoW共识机制不同，该共识机制是每生成一个新区块就会提供一个证明，该证明可以确认这一新生成的区块在被区块链网络认可之前是否曾接受过一定量的货币，从而证明生成该区块的节点是否拥有货币所有权。

PoS共识机制的"挖矿"过程除了和节点的计算能力相关外，还和节点的权益相关，在"挖矿"过程中，具有更高权益的节点比权益较小的节点更有优势。因此基于PoS共识机制的区块链系统的"挖矿"效率会比PoW共识机制的更高，计算能力的浪费情况比PoW共识机制的低。但是PoS共识机制在本质上并没有脱离节点"挖矿"模式，所以即使PoS共识机制的计算能力浪费比PoW共识机制的少，浪费情况依然存在。

共识机制是对"矿工"，即各节点奖励规则的约定。"矿工"的奖励来自两个方面：一个方面是"矿工"建立新区块的新币奖励，另一个方面是"矿工"进行计算并交易的交易费。为了体现奖励规则的公平公正，共识机制还要建立新区块建立和验证的规则。

2.1.4 智能合约：破解交易信任问题

智能合约指的是将合约内容以代码的形式写在区块链上，并设定执行条件。一旦条件被满足，代码便会自动执行合约，无须人为操作。智能合约能够根据合约的预设条件自动执行，因而具有准确、高效的特性，能够增加交易双方的信任度。

通常情况下，在实际生活中，一个完整的合约需要严格按照流程来制定，每个条件的触发需要人为来达成，如下图所示。

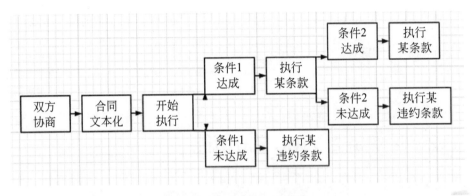

实际生活中合约的制定和执行

图中的条件达成是一个外部输出事件，也就是说，实际生活中的合约需要人为确认条件达成才能够继续执行。但是，区块链上的智能合约不需要人为介入，其会自动判断条件是否达成以及是否继续执行条款。这样的形式节约了人力成本，也减少了人为确认条件是否达成而产生的欺诈、延迟等问题。智能合约无须交易双方操作，以持续运行的代码为中间商，能够增强交易双方的信任。

在面对潜在的纠纷时，我们不再需要亲自解决，一切决定都可以交给代码来做。以购买航班延误险为例，有了智能合约以后，理赔流程就会更加简单。具体来讲，投保乘客的个人信息、航班延误险、航班动态都会以智能合约的形式记录并存储在区块链中，只要航班延误且符合理赔条件，理赔款就会在第一时间自动划到投保乘客的账户上。这不仅提高了保险机构处理保单的效率，还节省了投保乘客在追讨理赔款过程中消耗的时间、精力。

通过以上案例可知，智能合约可以节约人力支出，提升企业工作效率，为人们的生活提供便利。同时，由第三方执行合约也避免了交易中存在的信任问题。

2.2　区块链为 Web 3.0 赋能

Web 3.0 作为互联网发展的新阶段，最明显的特征就是数据以去中心化的方式相互连接。在去中心化的网络中，用户选择加入或退出网络变得更加自由。而 Web 3.0 这一特征的实现得益于区块链。Web 3.0 的去中心化数据网络建设离不开区块链的帮助。区块链整合了分布式存储、非对称加密、共识机制、智能合约等技术，为构建 Web 3.0 开放、包容的网络世界助力。

2.2.1　完善运行机制，实现海量数据的安全运行

区块链通过先进的加密技术、复杂的数据结构构建了多方协作的网

络环境，也为Web 3.0的安全运行提供了完善的机制。区块链依托于5个特征实现了海量数据的安全运行，如下图所示。

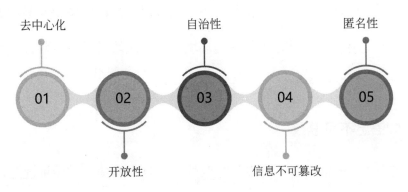

区块链的5个特征

1.去中心化

去中心化是区块链最突出的特征。区块链通过分布式结算和存储的方式运行，不依赖任何第三方管理机构，所有节点有均等的权利和义务，能够实现信息的自我验证、传输和管理。这使得区块链能够避免中心化节点被攻击而引发的数据泄露风险，同时能够提高运行效率。

2.开放性

开放性指的是区块链是一个公开透明的系统，交易各方都可以通过公开入口查询其中的数据和变更历史记录。当然，交易各方的私密信息是加密的，无法被查看。区块链系统能够实现多方共同维护，即使个别节点出现了问题，也不影响整个系统的运行。

3.自治性

自治性指的是区块链基于协商确定的协议运行，只要实现协议中约定的内容，区块链就会自动执行接下来的程序。这能够解决交易中的信任问题。交易各方能够在去信任的环境下基于区块链系统的验证执行交易，大大提高交易效率。

4.信息不可篡改

区块链中的信息是不可以被篡改的，一旦交易信息被验证通过，就会被永久保存。这使得区块链系统具有可追溯性，如果交易出现问题，人们可以追溯交易信息，轻易发现是哪一个环节出现了问题。

5.匿名性

区块链上的各交易方拥有一个用数字和字母组成的唯一的地址，用来表明交易者的身份。同时，所有的身份信息都是匿名的，不存在个人信息泄露的风险。

基于以上特点，区块链能够为用户数据存储提供安全保障，保证用户交易、数字资产流通过程中资产和个人信息的安全性。

Web 3.0时代是一个海量数据时代，但海量数据只有经过搜集、归纳、变形、整合等阶段，才能形成可利用的数据库，创造商业价值。创造可利用的数据库是未来数字经济发展的重点方向。区块链拥有去中心化、信息不可篡改等特征，有利于构建安全性更高的数字经济体系。而区块链作为 Web 3.0 的技术支撑，也会使 Web 3.0 的交易变得更加可信。

2.2.2 去中心化支付，助力交易安全进行

传统的中心化支付具有资金清算滞后的弊端，而依托于区块链的去中心化支付则避免了这一弊端，支付的安全性也有了更高的保障。

当前的支付生态虽相比过去有了巨大的改善，但资金运作仍是中心化的，每个支付机构都需要在约定时间内将上一周期的所有支付行为所对应的资金与相关机构进行交换。也就是说，在中心化模式中，资金清算是滞后的，信息系统需要等待资金处理结果。资金清算滞后导致交易系统和对账系统的运行是分离的，这既加重了开发负担，又造成管理混乱，导致跨支付机构合作几乎不可能实现。

另外，支付机构的体量越大，资金风险就越高，而我们只能寄希望于该机构的 IT 技术和管理能力。但目前各家支付机构的水平参差不齐，我们除了能依据牌照资质对它们进行甄别外，没有其他更权威的方法来甄别支付机构的水平。

区块链的出现则为解决这一问题提供了一种新的可能。资金清算滞后是因为传统支付模式下的资金流转成本较高，而智能合约等区块链技术能在确认交易的同时更改数字货币的归属方，从而同步进行交易与清算。这从根本上颠覆了当前的支付和清算系统。首先，不再需要对账系

统和清算人员，因为资金已经实时转移了；其次，交易接口可以变得更加灵活；最后，交易的安全性也有一定的保障，每笔交易都可以追溯来源，任何"暗箱操作"都将不复存在。

依靠交易风控和智能合约，去中心化的区块链支付更能保障交易的安全性。届时，资金存储也会有更好、更合理的方案。

2.3　NFT：Web 3.0应用运转的基础

NFT是区块链中独特的数据单元，具有唯一性，可以作为一种值得信任的数字凭证，解决用户数字资产所有权的问题。Web 3.0渴望建立一个公开、平等、去中心化的网络，而NFT的唯一性、独有性和可检验性为Web 3.0的实现奠定了基础。NFT能够为Web 3.0用户建立独一无二的身份标识，并将个人数据和资产的所有权交还给用户。NFT多用于游戏、社交等领域，而在Web 3.0时代，NFT将更多用于确定用户身份和资产的所有权，为Web 3.0应用的运转提供助力。

2.3.1　锚定价值＋确权：NFT实现数字内容资产化

数字经济市场的巨大潜能为NFT的火热发展提供了机会。NFT具有唯一性的特征，能够将商品通过算法加密转换成NFT，使商品成为一种独一无二、可确认所有权的数字资产。NFT拓宽了数字资产的内容边界，数字资产不仅可以是货币，还可以是转换成NFT的图片、游戏道具等。这提升了数字内容的可交易性，实现了数字内容资产化。

NFT能够实现数字内容资产化得益于锚定价值和确权。NFT锚定价值指的是NFT能够映射特定资产，如游戏装备、虚拟土地等，甚至实体资产。NFT通过智能合约记录特定资产的相关权利、交易信息，并在区块链上生成一个无法篡改的独特编码，确定该资产的所有权。

NFT确定了特定资产的所有权，这意味着资产可以交易。因为区块链上的信息具有不可篡改的特点，所以特定资产的所有权是真实、唯一的，并能通过NFT交易实现转移。

FT（Fungible Token，同质化代币）与NFT都具有可交易属性，但FT锚定的是同质化资产（金属、货币等）的价值，NFT锚定的是非同质化资产的价值。NFT依靠锚定价值实现数字内容资产化。

NFT确权指的是赋予数字内容唯一性，使数字资产能够进行交易。以权益、IP为代表的无形资产，因难以被定价而难以进行交易。但如果将这些无形资产转换成NFT，就能够拥有数字交易凭证。

NFT能够成为数字资产的数字凭证，是因为区块链技术使其拥有无法篡改、无法复制、不可分割的特性。例如，《谜恋猫》是一款NFT游戏，游戏中红色猫咪与黄色猫咪所代表的价值并不相同，在交易中，两只猫咪既不会相互替代也不会融为一体。每个NFT都有独一无二的信息，确保了NFT的不可替代性。

此外，通过建立公开可访问的智能合约，NFT的所有权将永久保留在区块链中。它的一系列权限都能够存储在中心化数据库中，不会随着交易平台的消失而消失，而是永久性保留。基于此种特性，NFT的所有权及元数据能够被溯源，其资产内容和价值都可以得到公开验证，从根源上打击数字资产交易中的非法行为。

NFT的锚定价值和确权实现了数字内容资产化。被NFT赋能后的数字资产有了新的所有权确认体系，并且能够在多个区块链平台中进行交易，促进数字经济市场发展。

⌃ 2.3.2　NFT+Web 3.0游戏应用：边玩边赚实现游戏资产价值

Web 3.0在革新网络世界的同时，还在游戏领域拓展出新的商业模式。Play to Earn（边玩边赚）模式是区块链生态中一个新兴的游戏模式，它是一种以Web 3.0世界为流量入口，通过NFT实现消费体验变现的新型游戏内商业模式。它深刻变革了游戏内的交易模式，让玩家可以通过玩游戏赚取NFT奖励。

Play to Earn模式是游戏与金融结合的GameFi（金融游戏化）的一种表现形式，而GameFi体现了虚拟空间经济体系的雏形。伴随着元宇宙的发展，GameFi领域迎来了爆发，出现了一些更新奇的NFT游戏。其中，Axie Infinity就是十分火热的一款NFT游戏。

Axie Infinity是基于虚拟宠物的NFT游戏，融入了多样玩法。玩家在购买了虚拟宠物Axie后，可以饲养并繁殖新的Axie，或者通过其参与战斗。战斗模式和繁殖模式是推动游戏经济体系不断运转的核心。在战斗模式中，玩家可以操作Axie进行战斗，并获取游戏代币SLP和AXS。在繁殖模式中，玩家可以通过两只Axie的配对得到新的Axie。

为了实现Play to Earn模式，Axie Infinity搭建了完善的经济体系。玩家可以通过战斗、繁殖或参与关键治理投票等获得游戏代币，也可以出售游戏代币获得真实的收益。在这个闭环的经济体系中，有游戏代币的产出渠道，也有赚取收益的渠道，大大激发了玩家参与游戏的积极性。

此外，在Play to Earn模式的启发下，有的企业积极创新，开创了Move to Earn模式，即通过运动来赚钱。例如，StepN是一款将跑步与赚钱相结合的NFT游戏，由一家澳大利亚游戏开发商开发。该游戏的开发团队是Find Satoshi Lab，其内部成员大多有多年团队管理经验和游戏开发经验。该团队开发StepN这款游戏，是为了宣扬碳中和的生活方式，使得用户在保持健康的同时助力环保事业的发展。

在StepN游戏中，用户需要购买NFT运动鞋，然后通过户外步行、慢跑和快跑等跑步模式赚取游戏通证（GST），获得奖励。StepN上架了4款跑鞋，分别为Walker（步行者）、Jogger（慢跑者）、Runner（赛跑者）和Trainer（训练师）。每一款跑鞋获取游戏通证的难度与效率都不同。

用户可以下载StepN App，从其中获知NFT运动鞋交易的信息。即使最便宜的NFT运动鞋也需要800美元左右。这意味着，如果用户想要加入StepN这款游戏，至少需要支付800美元。

Web 3.0作为流量入口，在Play to Earn模式下将游戏和玩家联系起来，NFT在为玩家提供多样玩法的同时也让玩家通过游戏创收。游戏内部存在完善的虚拟经济体系，支持玩家通过生产、创造、交易积累虚拟资产。同时，这些虚拟资产也可以兑换为现实世界中的真实资产。Web 3.0与NFT共同搭建了虚拟经济体系和现实经济体系的通道。

∧ 2.3.3 NFT+Web 3.0社交应用：NFT成为新型社交货币

在Web 3.0中，NFT可以将特定资产转换成可交易的数字内容，从而实现其价值流转。同时，因为NFT具有独一无二性，所以其受到了用户的热情追捧，成为新型社交货币。

例如，NBA球星斯蒂芬·库里曾经花费了约18万美元购买了一个BAYC（Bored Ape Kennel Club，无聊猿猴游艇俱乐部）推出的NFT作品，并将其用作推特头像。这一举动引发了人们的热议，随着"库里头像"的话题登上社交媒体热榜，越来越多的人开始好奇BAYC的来历。

BAYC是一个描绘猿猴各种面部表情的NFT项目，其中的每一个NFT头像都是独一无二的。在出售这些NFT头像时，BAYC同时会授予买家NFT头像的所有权和商业使用权。这意味着交易完成后买家不仅可以在社交平台上使用 NFT 头像，还可以以此形象设计并销售产品，如书籍、漫画、衬衫等。

这些 NFT 头像一经推出就受到了人们的热捧，一时间，推特上出现了大量的猿猴头像，如戴着太阳镜的猿猴、长着兔子耳朵的猿猴、穿豹纹服装的猿猴等，每一个 NFT 头像都是一只与众不同的猿猴。该系列 NFT 头像上线后，在一天内售罄，彰显了 NFT 头像的火热。

为什么 BAYC 推出的 NFT 头像受到了人们的追捧？因为 NFT 头像除了具备收藏价值、交易的商业价值外，其蕴含的社交价值也真实切中了人们的社交需求。NFT 头像除了能够为买家提供更多谈资外，还以俱乐部的形式给予买家一种归属感。同时，NFT 头像的稀缺性也能彰显买家与众不同的社交地位。这些都赋予 NFT 头像与众不同的社交价值。

在 Web 3.0 中，用户除了选择 NFT 头像展现其独特的社交地位，还可以选择其他 NFT 来进行社交。在游戏领域，游戏用户会选择购买 NFT 服饰装扮自己的虚拟形象。与普通服饰相比，NFT 服饰具有独一无二的特性，玩家购买虚拟服饰也能在游戏中实现其社交价值。

用户还可以通过 NFT 社区与其他用户沟通，满足其社交需求。依赖于国外、国内的社交平台，NFT 社区数量不断增长。NFT 活动主办方会在社群中更新活动，用户也可以在社区中交流、分析 NFT 相关内容。例如，2022 年 5 月，阿里巴巴的"鲸探"上线了社区功能，用户可以通过留言达到社交目的。

NFT 还成为文化跨界传播的新载体。大多数传统文化产品都是流水线式复制生产，不具有唯一性。而如果将传统文化产品与NFT结合，既能够保留传统文化的深刻内涵，又可以具有唯一性。NFT在将特定资产向电子内容转化的过程中，也赋予其新活力。例如，《只此青绿》的NFT一经发行便受到热捧。

NFT头像、NFT服饰等NFT产品在社交领域具有很大价值，这也表明NFT存在很大的发展空间。在Web 3.0时代，将有更多人购买NFT，将其用于更多领域，实现现实向虚拟的转变，满足更多的社交需求。

第 3 章

经济模式：
DeFi重构经济形态

WEB 3.0

随着 Web 3.0 时代的发展，区块链在金融领域有了一系列创新应用，推动了去中心化金融 DeFi 的爆发。Web 3.0 是 DeFi 与现实世界的接口，如今，DeFi 正在影响全球经济形态。从储蓄到保险，再到衍生工具，DeFi 可能成为传统金融的全球性可替代方案。

3.1　DeFi：掀起经济模式的变革

去中心化金融 DeFi 是一种新兴加密货币创新，其重建了去中心化金融的应用体系，打破了银行边界桎梏，致力于构建更加安全、高效的互联网金融生态系统。DeFi 的出现掀起了 Web 3.0 时代新的经济模式变革。

3.1.1　DeFi 的含义与特征

DeFi 即去中心化金融，是运用区块链技术、基于以太坊等区块链平台构建的加密资产、金融类协议。DeFi 将代码作为金融服务中的中介，构建透明、安全、开放的金融系统，致力于实现金融服务效率最大化、成本最低化。

DeFi 旨在没有中心化实体（如储蓄、保险、贷款等）的情况下，重建银行金融服务体系，并为全球互联网用户提供开放性的金融替代方案。经过两三年的探索和发展，DeFi 衍生出了借贷平台、支付平台、预测市场、稳定币等多种金融新玩法。DeFi 将传统金融搬迁至区块链网络中，相较于传统金融，DeFi具备抗审查、无地域限制等优势。用户只要有网络连接设备，就能够随时随地享受金融服务。DeFi主要具有以下4个特征。

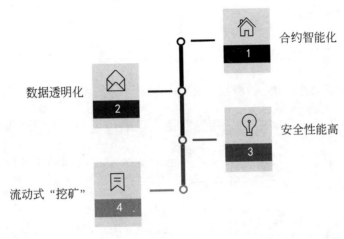

DeFi的4个特征

1.合约智能化

DeFi产品遍布于全球各地用户参与金融活动的点对点式平台，如交易、贷款、消费等平台，其能够使用户在参与金融活动时不再依赖于政府和银行等中介机构。DeFi产品在区块链平台上的交易主要依赖于区块链上的智能合约实现自动化处理，这使得DeFi在自动化执行和交易处理效率等方面具备其他处理方式不可替代的优势。

2.数据透明化

DeFi通过智能合约驱动的去中心化交易所进行交易，用户获得的资产都在自己的钱包里。去中心化交易是点对点的交易形式，交易更加真实、可靠，并能够在区块链上自动执行。在这种模式下，用户无须再担心假币、数据砸盘等情况的发生。

3.安全性能高

传统的中心化交易所具备诸多不可控因素，因此存在巨大的交易风险。中心化交易所的风险性给众多用户带来了一定的恐慌。而去中心化交易所能够使用户将资产直接提取至自己的钱包中，同时能够托管用户资产并进行清算，使交易结果直接上传至区块链数据系统，以确保用户资产的安全性。

4.流动式"挖矿"

DeFi流动式"挖矿"就是将钱存在智能合约中以获取利息。DeFi流动式"挖矿"能够让全民参与其中，使普通用户也可以将数字货币存入合约中获取利息，在确保风险可控的情况下获得更多的赚钱机会。

目前，DeFi的规模虽小，但潜力较大。随着时间的推移，DeFi的用户将呈现指数级增长，越来越多的Web 3.0工具也将涌入这一领域，使DeFi逐渐成为金融服务领域的顶流。

3.1.2　交易模式转变：中心化交易转向去中心化交易

现代交易模式可分为中心化交易和去中心化交易。随着Web 3.0时代的发展，中心化交易逐渐暴露出许多弊端。DeFi的产生逐渐促使中心化交易向去中心化交易转变。

中心化交易在一定程度上顺应了Web 2.0时代的发展，具备交易速度快的优势。即使面对大量同时产生的实时交易，中心化交易模式也能够给用户提供良好的服务体验。当用户数量较为庞大时，中心化交易也能保持足够的流动性。同时，中心化交易采用IOU记账，技术成本相对较低。

但随着时代的发展，中心化交易的弊端逐渐显露出来。首先，中心化交易面临资产盗用、内部运营混乱和商业道德约束性低等风险，严重影响了用户的资产安全，如曾出现交易中心卷款跑路事件。其次，中心化交易模式中资产的集中式托管对网站的技术能力和突发性事件应对能力要求极高，否则很容易遭遇黑客袭击，造成巨大的资产损失。例如，意大利交易所BitGrail遭黑客攻击，1700万NANO加密货币代币被盗，损失约1.7亿美元；加密货币交易所Coincheck遭黑客攻击，资产损失约5.3亿美元。

为了解决中心化交易中存在的诸多风险和问题，以DeFi为核心的去中心化交易模式逐渐建立。在去中心化的交易流程中，用户在开户时通过注册获取密钥，并掌握私钥，对资产享有绝对控制权。在充值时，用户可以通过钱包地址直接充值到去中心化交易所的地址。当发起交易时，智能合约能够直接执行去中心化交易流程，使用户始终持有资产的所有权和掌控权。在提现时，用户可以将资产直接从去中心化交易所提取到自己的钱包中。

去中心化交易模式简单，不托管用户资产，从而降低了交易资产被盗的可能性。去中心化交易与中心化交易最大的不同在于，交易的全流程均通过智能合约进行，资产托管、资产清算均放置在区块链上。

智能合约的去中心化交易机制避免了中心化交易因人为因素产生的交易风险。用户可以在无须审批的情况下自由转移资产，并无须担心黑客攻击，为用户的资产安全提供了足够的保障。但去中心化交易也有需要改进的地方，例如，去中心化交易的交易记录都在区块链上，区块链确认速度相对较慢，在一定程度上降低了交易效率。

随着Web 3.0基础设施的完善和去中心化金融DeFi的发展，相信在不久的将来，去中心化交易的交易效率能够有所提升，并结合其自身所有的优势，成为Web 3.0时代的主流交易模式。

3.2 DeFi的应用生态

DeFi旨在建立一个新型应用生态系统。在这个应用生态中，用户无须信任、授权于第三方，并可以自由访问数据而不受平台干涉。本节将围绕稳定币、金融服务、去中心化交易所、去中心化衍生品等DeFi应用生态展开论述。

3.2.1 稳定币：连接传统金融与去中心化金融的媒介

随着区块链技术的发展，加密数字货币越来越受到金融科技领域的关注。加密数字货币包括比特币、法币、以太币和稳定币。作为连接传统金融与去中心化金融的媒介，稳定币是DeFi应用生态中的主要应用之一，也是去中心化金融交易中的主要流通货币。当下，稳定币技术迭代迅速，模式层出不穷，市值和流通量剧增。稳定币作为数字货币中的创新产品，在一定程度上影响着全球金融格局的稳定。

稳定币的主要特征是可以在全球范围内流通且具有相对稳定的价值。稳定币能够与目标价值（如美元）保持稳定，已被金融领域广泛接受。稳定币不依赖于任何国家政府或银行等中心机构，能够充当数字货币交易的去中心化金融媒介，发挥强大的桥梁和纽带作用，为金融市场规避交易风险。稳定币能够在无须信任的情况下为国际交易提供点到点的低成本支付和转账渠道。稳定币将加密数字货币与传统金融市场连接，竭力为去中心化金融服务，解决了加密数字货币的交易风险和不稳定等问题。

链上稳定币是稳定币的主要形态之一。链上稳定币也被称为抵押型稳定币，主要通过加密数字货币的抵押实现去中心化的金融交易。以稳定币Dai为例，Dai的价格十分稳定，可以用于去中心化的杠杆交易中。Dai能够借助DeFi的智能合约系统进行抵押、发行、赎回和风险控制。

如果用户超额抵押了一定量的数字货币，智能合约系统就会依据抵押机制和抵押比例为用户发放相同比例的Dai。这大大提升了金融交易的透明性和安全性。

以稳定币在我国的发展情况来看，其正在积极寻求与人民币的挂钩，在全球范围内构建新型加密数字金融生态。例如，投资控股有限公司泰达于2019年9月9日宣布推出与离岸人民币相挂钩的稳定币CNHT。次日，泰达姊妹公司Bitfinex交易所宣布支持比特币与CNHT、泰达币与CNHT、离岸人民币与CNHT 3种币对的兑换交易。CNHT的推出大大增强了离岸人民币的流动性。与传统的外汇支付相比，稳定币无须依赖于政府或银行等中心机构，任何人都能够通过互联网来获取全球化金融服务。

稳定币不仅是去中心化金融交易过程的价值尺度，也是传统金融与去中心化金融之间交易的信心来源。在不久的将来，稳定币将为加密货币生态带来历史性的变革。

3.2.2　金融服务：去中心化借贷与去中心化保险

DeFi的去中心化金融服务已逐渐渗入全球的金融领域中，并受到了众多金融市场的欢迎。DeFi的金融服务主要包括去中心化借贷与去中心化保险两大模块。

1.去中心化借贷

DeFi去中心化借贷通过去中心化借贷协议匹配借贷双方，在抵押确认后及时划转资产，完成借贷服务。相较于传统的借贷服务，DeFi去中心化借贷无须借助银行账号，也无须对借贷者进行信誉核查。用户可以通过DeFi去中心化借贷抵押数字资产，获得贷款。同时，用户还可以通过将其资产注入借贷池来获取收益。去中心化借贷主要具备4个特点：一是法币与数字资产相结合；二是基于数字资产的抵押；三是交易结算自动化，降低了交易成本；四是超额抵押代替信用审查。

DeFi的去中心化借贷业务的核心是抵押物，DeFi将高风险、高收益的信用借贷归类到投融资业务中。同时，DeFi去中心化借贷能够简化用户贷款审批流程，节省用户申请贷款所花费的时间。在DeFi去中心化借贷中，平台根据货币供应量设定利率值，出借人通过出借币资产获得本金和利息。在DeFi的借款流程中，借款人在申请贷款后，平台会对借款人抵押资产的价值进行估值，借款人可以在不放弃资产所有权的情况下将资产抵押。平台发放贷款后即代表借款人抵押成功并能够及时获得贷款。

2.去中心化保险

去中心化保险是DeFi框架下的金融产物之一，其能够基于强制自动执行且不可篡改的智能合约生成更为安全的保险协议，为数字资产市场提供充分的风险保护。相较于保险公司的集中式系统，去中心化保险允许用户购买金融产品的保险或通过提供保险来获取利益。从本质上来看，去中心化保险是对于资产漏洞的弥补和保护，因此，去中心化保险对于用户的投资和交易来说是更为安全的。当下提供去中心化保险服务的项目主要有Nexus Mutual、Opyn等。

以去中心化保险龙头项目Nexus Mutual为例，Nexus Mutual是建立在以太坊区块链网络上的互助保险项目，也是区块链生态中首个智能合约保险项目。其中，Smart Contract Cover是Nexus Mutual项目的第一款产品，这款产品主要针对智能合约的安全问题，即对于用户因项目代码问题而产生的损失进行理赔。NXM代币是项目的核心，代币持有者既是收益获得者，也是风险承担者。代币持有者能够用自己所持有的代币参与质押，从而决定项目的投保额度和是否批准索赔，其中，一半的保险费用收益会分给质押参与者。

在评估机制上，Nexus Mutual采取去中心化风险评估，即通过引入评估师以公平公正的方式处理复杂案例。风险评估师通过质押方式获得评估资格后便能够参与相关事项的判决，并为智能合约背书。需要注意的是，目前，Nexus Mutual只针对智能合约保险进行承保，也就是只有由于智能合约漏洞而引发的资产损失才能进行理赔。

去中心化借贷和去中心化保险能够为用户提供更加便捷、透明、安全的金融服务，二者的发展将构建起更加稳固的DeFi应用生态。

3.2.3　去中心化交易所：助力资产快速流通

去中心化交易和中心化交易存在本质上的差别。相较于中心化交易需要依托个人或公司管控的平台进行交易，去中心化交易通过区块链智能合约即可完成。去中心化交易所的治理是透明、开放的。

在中心化交易所中，用户资产的实际控制权不在用户手中。用户在账户里看到的资产金额只是交易所给的资产凭证，而资产实际上被中心化交易所控制。因此，中心化交易所相当于交易过程中的中介，存在着很大的安全隐患，不利于资产直接、快速地流通。曾发生的多起用户资产在交易所中被挪用的事件和黑客对中心化交易所的袭击事件都体现了中心化交易所的不安全性。

而在去中心化交易所中，用户无须借助第三方平台注册账户，只需通过钱包地址便可自由交易，用户的资产相对安全。去中心化交易所的交易在区块链上完成，用户能够通过区块链浏览器监督每笔交易，而每一笔交易记录都是公开透明的，用户不用担心资产被操控。更加安全、便捷的去中心化交易模式实现了交易的去托管，使资产流通更加安全、快速。

在去中心化交易所中，用户的资产永远在自己的钱包里，不被托管机构所控制，用户永远掌握资产的所有权和绝对控制权。去中心化交易所使资产交易实现了点对点的连接，极大地提升了资产流通的安全性和效率。

∧ 3.2.4 去中心化衍生品：DeFi的终极交易形态

随着Web 3.0时代的发展，去中心化衍生品逐渐形成了全新的金融体系，并充分影响着数字资产的交易进程。

以国际领先的投资银行高盛集团推出的无本金交割远期交易为例，无本金交割远期交易与比特币挂钩，支持华尔街投资者使用比特币相关的衍生品进行交易。高盛集团将Cumberland DRW（加密资产交易公司）作为交易伙伴，通过买卖比特币期货来规避数字资产的波动风险。

在投资路径上，高盛集团通过进入加密领域不断布局，推出加密衍生品交易。加密衍生品市场是对冲数字资产波动风险和提升资金利用率的重要手段，同时也是加密投资中必不可少的一环。

高盛集团的布局在一定程度上表明去中心化金融衍生品才是DeFi的最终交易形态。随着Web 3.0时代的发展，去中心化金融衍生品逐渐成为DeFi发展的新浪潮，并迅速占据了部分金融市场。加密衍生品快速发展的原因是，与现货交易相比，去中心化金融衍生品的资本效率更高。例如，去中心化衍生品Kine能够通过100倍的杠杆系数进行交易，使投资者把资产分配到更多的"篮子"中，从而优化资金配置，增强资金的流动性，提升市场的总体表现。

去中心化衍生品Kine致力于通过更加灵活的方式将大规模的主流交易者引入去中心化金融世界中。在产品设计上，Kine提出的关于"交易一切"的目标与热门DeFi协议Synthetix、Mirror（合成资产代表项目）已经做出的尝试十分相似，即在区块链上建立起拥有广泛共识的金融资产的"映像"，并开放地提供给每一位投资者。

此外，Kine通过链上质押、链下交易的方式，支持单主流资产质押、零滑点和交易零Gas等功能，不断提升交易的流动性。Kine致力于担负起拓展衍生品交易市场的责任，在去中心化衍生品赛道上或将持续保持高速增长态势。

虽然现货交易可以通过组合进行风险管理，但从当下全球的资本市场角度看，现货交易已经逐渐失去资本间换算和持续估值的基础，资本流通的效率也不断下降。一般而言，去中心化衍生品能够更好地满足投资者对于波动率、风险对冲等进阶资产配置的需求。从金融规律来说，无论是交易规模还是交易流动性，去中心化衍生品交易都比现货交易更加完善。

3.2.5 实例解析：LianGo通过DeFi连接电商平台

LianGo是基于TronBox消费"挖矿"协议和区块链钱包构建的全球首个便捷、安全的去中心化DeFi应用。LianGo由社区联盟发起，由LianGo DAO管理，旨在成为最广泛使用的DApp（Decentralized Application，去中心化应用）。LianGo致力于与DeFi的各类DApp联合打造开放的无国界金融体系，从而将DeFi与CeFi（Centralized Finance，中心化金融）相连接，打造万亿金融市场。

LianGo专注于应用生态的底层技术开发。LianGo拥有完善的框架设施，能够将传统金融服务搬迁至区块链网络中，降低协作成本，稳定金融应用生态。LianGo具备完全去中心化、稳定生态收益、资金流动性强、强大社区共识等优势，是DeFi去中心化金融的应用标杆。

LianGo深化DeFi的应用生态布局。单一领域无法满足LianGo应用层所需要的基本组件，于是，LianGo从以下4个方面对其应用生态与电商平台的连接进行了深化布局。

1.区块链生活

LianGo支持生活缴费、会员充值、话费充值、机票预订、电影票预订、酒店预订等服务应用。目前开放移动、联通、电信等网络运营商，未来将接入携程、美团、腾讯、优酷等服务商。

2.区块链电商

LianGo的所有货品都由亚马逊、天猫、京东等知名电商平台提供API（Application Programming Interface，应用程序编程）接口。LianGo支持单个用户或企业用户采购，利用区块链防伪溯源平台保障商品都是正品。

3.去中心化交易所

去中心化交易所是LianGo连接电商用户的重要渠道。区块链电商拥有庞大的用户群，能够通过DEX（电子交换器）将电商用户引入DeFi市场，使其获得更多的用户量。

4.分布式存储"矿池"

LianGo支持TronBox支付消费"挖矿"协议，区块链电商收益的

30%都将在平台内不断循环，从而扩大 IPFS "矿池"，增强收益流动性，使 LGT 代币持有者充分享受 Web 3.0 时代红利。

LianGo 贯通 CeFi 和 DeFi，吸引更为广泛的资本注入，连接更多的电商平台。LianGo 的出现真正实现了让任何用户都可以通过便捷的方式享受加密应用服务。同时，LianGo 独有的消费 "矿池" 保证了 LianGo 交易收益的公开透明，使用户能够借助它轻松地转移到其他 DApp 上，享受 DeFi 服务，从而加速资本流通。

通过与电商平台连接，LianGo 的服务效率更高、覆盖面更广，这能够帮助 DeFi 建立起更完善的金融系统。随着 Web 3.0 时代的发展，LianGo 这匹 "黑马" 已在 DeFi 应用生态中遥遥领先，并引起了众多平台和投资者的兴趣。其有望成为 Web 3.0 时代最受欢迎的 DeFi 应用生态。

3.3　企业布局：BAT 的 DeFi 探索

近几年，全球数字经济快速发展，技术实现了重大突破。交易的增多和网络安全事件频出，使用户对交易安全和金融服务的要求一再提高。而 DeFi 的出现满足了用户的需求。借助区块链技术的 DeFi，使金融服务更加透明、安全、去中心化。为了率先抢占市场，以 BAT（百度、阿里巴巴、腾讯）为首的企业开始提前布局，对 DeFi 进行探索。

︿3.3.1 百度：探索度小满分布式金融协议

分布式金融是近几年区块链行业的热点，也是未来金融服务行业的发展方向。北大光华-度小满金融科技联合实验室发布了"度小满分布式金融技术白皮书"。白皮书认为，分布式金融目前还没有出现标志性产业，已有的项目存在应用范围不大、欠缺深度等缺点，行业整体发展速度缓慢。但随着政策的倾斜，区块链将步入蓬勃发展时期，分布式金融也将逐步推进。因此，百度抓住机遇，通过度小满探索分布式金融协议，如下图所示。

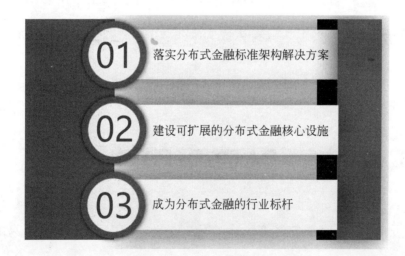

度小满分布式金融协议的探索路径

1.落实分布式金融标准架构解决方案

度小满作为金融服务行业的探索者，持续在该行业发力，将研究成果应用于实际业务中，并根据业务场景进行了调整，取得了丰硕的研究成果。目前，度小满已经获得了许多创新奖项，研究案例被写入《中国区块链应用发展研究报告（2019）》蓝皮书，已经申请了10多项区块链核心技术专利。

度小满为分布式金融的发展做出了很大贡献，完善了分布式金融标准架构解决方案和核心金融协议。度小满分布式金融的整体架构包含7个方面，分别是基础设施、DDP（Distributed Data Protocol，分布式协议）、网关与操作端、金融信用体系、金融DID（Decentralized Identity，分布式数字身份）、分布式金融风险治理和开放API集合。这一套解决方案的推出，规范了分布式金融的应用、场景构建标准，也为整个行业的发展做出了贡献，解决了传统区块链应用技术壁垒和成本过高的问题。

2.建设可扩展的分布式金融核心设施

在度小满的分布式金融标准架构中，最重要的是Dota-Core（核心分布式金融协议）。这是一个可以扩展的完整分布式协议，整个协议包括4个方面：DHT（Distributed Hash Table，分布式哈希表技术）网络层、模型层、核心功能层、对外API。

除了技术创新外，度小满也探讨了分布式金融的潜在应用场景，包括统一分布式金融身份、数字化资产管理、IoT（物联网）分布式结算网络等。度小满基于这些场景，给出了相对应的解决方案，展示了其优秀的技术能力和落地能力。

3. 成为分布式金融的行业标杆

度小满认为，随着用户需求的转变，分布式金融很可能成为行业的基础服务设施，具有较大的发展潜力。而度小满的目标则是成为分布式金融行业的标杆，充分展现自身的行业价值。

同时，度小满认为，虚拟数字化场景最适合成为分布式金融的落地场景，物联网可能会成为分布式金融的大规模应用领域。未来，分布式金融将在虚拟数字化的世界得到快速发展，具有极大的应用空间，实现金融行业的巨大飞跃。

3.3.2　阿里巴巴：蚂蚁世界DeFi项目上线

DeFi与传统金融最大的不同在于，其不依赖于中介机构，而是通过智能合约进行交易。得益于免费、安全的交易方式，DeFi成为当前的风口。许多企业都在积极探索这一领域，作为中国三大互联网企业之一的阿里巴巴也不甘落后，于2021年1月28日上线了蚂蚁世界DeFi项目。

蚂蚁世界DeFi项目是一个波场链项目，由众多机构联合发布，显示出了巨大的发展潜力。蚂蚁世界DeFi渴望构建一个一体化的区块链生态体系，支持用户在其中进行数字货币交易、存储等行为。蚂蚁世界DeFi项目从搭建技术框架、构建产品体系、建设健康生态、应用项目落地等几个方面入手，为多种商业场景赋能，构建一个蓬勃向上的去中心化商业体系。

蚂蚁世界DeFi项目的特点在于，其协议通过智能合约执行。用户在智能合约中，只需要绑定自身的USDT钱包地址，便可以实现资金的智能流动。智能合约履行的过程中不会受到人为干预，所有操作都由智能合约自动完成。

蚂蚁世界DeFi项目具有以下优点。

（1）区块链智能合约DApp将所有的交易规则都记载在波场币公链上，具有不可篡改性。

（2）每一笔资金都能够实现自由流动，即便是再微小的金额也能够被区块链账本记载。

（3）智能合约执行的每一个环节都有规定的结束时间，用户可以根据情况选择资金的流动时间。

（4）用户的个人钱包即为其本人的账户，无须收集个人资料，能够对隐私进行保护。

（5）智能合约的规则和数据可以在外部查看，所有的交易记录会在网络公开。

（6）蚂蚁世界DeFi项目具有智能重置功能，可以避免用户亏损。

蚂蚁世界DeFi项目是阿里巴巴在DeFi领域的探索，目的是建立一套值得用户信任、包容性极强的去中心化点对点资金流动模型，将合约风险降到最低，满足用户对短期流动资金的需求。

3.3.3　腾讯："云链结合"布局持续深入

2021年11月，腾讯召开了"腾讯数字生态大会"。在会议上，腾讯宣布将对云区块链进行战略升级，基于长安链进一步进行"云链结合"的深入布局，助力数字经济的发展，打造数字经济新生态。腾讯云升级后发布的3个区块链产品如下所示。

1.腾讯云区块链服务平台TBaaS

腾讯云区块链服务平台TBaaS是一个方便快捷的区块链服务平台，为用户提供一站式服务。此次升级后，除了FISCO BCOS、Hyperledger Fabric等TBaaS平台已经搭载的区块链引擎外，TBaaS平台还能够优先集成长安链底层引擎，为用户提供管理长安链的能力。

完成升级的TBaaS平台拥有保护用户隐私安全、实现跨地域联通等功能，并在多个方面进行了升级。在管控上，可以对生命周期进行一站式可视化管控，节约了大量人力成本；在建链方面，具有多种建链形态，用户可以根据自己的需求灵活选择；在应用方面，已经在生物、能源、农业等行业落地，具有完善的解决方案。

未来，TBaaS平台将探索更多的长安链示范应用方案，实现应用标准化、场景规模化和生态产业化，适应用户在不同场景中的需求，并将研究经验推广至全行业，实现全行业共同发展。同时，TBaaS平台也会不断提升自己的基础能力，强化数字化基因，提供更加简便易用的服务。

2.腾讯云区块链分布式身份服务 TDID

区块链业务应用的上限由用户身份的使用模式决定。腾讯最新发布的腾讯云区块链分布式身份服务 TDID 能够为用户、企业、物品等验证身份。这一功能也标志着区块链分布式身份技术应用范围从用户延伸到物品。用户可以通过腾讯云区块链分布式身份服务 TDID 安全地在互联网发送现实世界的凭证。

腾讯云 TDID 身份标识技术的发展，为互联网进行身份识别和数据交换提供了信任基础。用户进行信息授权后，可以通过身份服务节点决定身份信息的存储和应用，实现了身份的可移植性。这种链接万物的方式有利于打破数据壁垒，实现交易信任。

腾讯云区块链分布式身份服务 TDID 的应用场景十分广泛，可应用于教育培训、金融服务、医疗保险等行业。用户生活中常见的服务背后，都离不开底层技术的支持。

3.至信链元商品协议

在腾讯数字生态大会上，腾讯发布了至信链元商品协议，表明其正深入探索数字文创商业化的解决方案。至信链元商品协议是一种依托于区块链、支持用户进行非同质化资产交易的服务协议，能够为用户的数字化资产的唯一性提供保证。近几年，腾讯云至信链在版权、金融等领域的服务成效显著。

目前，腾讯已经具备成熟的至信链元商品协议服务能力，并在多场景落地应用。例如，2021年，腾讯音乐在QQ音乐平台发布了首批"TME数字藏品"；敦煌研究院根据元商品协议发布了9999枚NFT，用于进行公益活动。

腾讯云区块链产品以长安链为基础进行升级，助力区块链的持续发展。未来，腾讯将持续深入布局"云链结合"，与合作伙伴共建长安链。

第4章

商业生态体系：
Web 3.0重构"人、货、场"

Web 3.0的到来意味着虚拟经济有了更大的发展空间。随着新一轮互联网浪潮的来临，各大品牌也顺应潮流进行创新营销，尝试在Web 3.0时代构建新的商业生态体系。虚拟数字人能够作为Web 3.0虚拟场景中的互动化身，NFT能够作为实体商品向数字商品转化的载体，Web 3.0能够实现商业场景虚拟化。Web 3.0将在未来重构"人、货、场"。

4.1　人的重构：数字身份与虚拟数字人普及

Web 3.0重构了用户的网络身份，使得人们开始关注数字身份与虚拟数字人。用户不再局限于浏览者身份，而是可以通过数字身份参与网络商业活动，自由创建虚拟化身。同时，还可以与依托于网络而存在的虚拟数字人进行互动。

4.1.1　用户以数字身份参与商业活动

数字身份是将用户真实的个人信息转换成一串数字代码，作为在网络中可查询、识别的公共密钥。在网络中，用户可以凭借数字身份参与许多事情，例如，以数字身份参与商业活动。

以时尚品牌Forever 21为例，2021年底，该品牌宣布将在多人在线创作游戏平台Roblox中创建一个虚拟商城，用户在其中能够扮演商店经营者这一角色。

用户需要在Forever 21商城中选择一个合适的地点创建自己的虚拟商店。用户可以选取不同的主题来装扮商店，如FutureScape（未来世界）、Eco-Urban（生态城市）等，还可以布置各种家具、艺术品、灯饰等，使商店更个性化。每完成一项任务，用户都会获得相应的积分。用户可以在Forever 21旗舰店中用积分购买家具或其他商品。

在运营虚拟商店的过程中，用户需要雇用一个NPC（非玩家角色）团队为商店工作，同时需要布置货架、模特等。和现实世界的店主一样，用户需要处理店铺订单、补充店铺库存等。在Web 3.0火热发展的趋势下，用户通过数字身份实现从现实世界向虚拟世界迁移，拓展了商业活动场所。

在Web 3.0时代，用户可以以数字身份沉浸式参观画廊。例如，世界著名拍卖行苏富比在区块链平台Decentraland中开设了一家虚拟画廊。这家虚拟画廊是新邦德街画廊的数字复制品，来自全球的艺术家、收藏家、游客都可以在虚拟画廊内进行艺术交流、线上互动，欣赏各地的珍稀艺术品，了解艺术前沿。

用户的数字身份是其在虚拟世界中参与活动的载体。用户可以利用数字身份参与艺术展会、互动虚拟派对、品牌活动等。虽然虚拟世界无法代替现实世界，但随着技术的发展，未来，用户可以以数字身份参与更多样的虚拟商业活动。

4.1.2 虚拟化身是用户数字身份的具象表现

在Web 3.0时代，用户的数字身份是个体标识。用户通过数字身份在 Web 3.0 的网络世界中实现登录、授权与认证。现实世界的真实个体与网络世界的虚拟化身不再是依附关系，虚拟化身是数字身份的具象表现，是真实个体在虚拟世界中的映射。在 Web 3.0 时代，用户可以拥有更加个性化的虚拟化身，提升虚拟世界体验。

当前，很多社交、游戏平台会为用户提供一个虚拟化身，并在一定程度上实现个性化定制。例如，在游戏"摩尔庄园"中，用户可以获得一个虚拟化身，并可以自由选择虚拟化身的肤色、发型、装扮等。但这样相对刻板的虚拟化身难以实现用户千人千面的需求。在 Web 3.0 中，虚拟化身的个性化程度将大大提升，用户可以根据自己的喜好自由创建各种虚拟化身，例如，根据自己的形象创建虚拟数字人、机器人、飞鸟等。

当前，已经有一些应用在虚拟化身方面做出了尝试。以虚拟现实平台 VR Chat 为例，在借助 VR 设备登录 VR Chat 后，用户可以根据个人喜好定制自己的虚拟化身。除了下载平台中丰富的虚拟化身外，用户还可以借助 3D 形象创作工具自定义虚拟化身，获得更加独特的虚拟形象。当前，VR Chat 已经与 3D 虚拟化身平台 Ready Player Me 达成合作，为用户提供简捷易用的虚拟化身打造工具。

用户对于虚拟化身的兴趣也促进了虚拟化身平台的发展。2022 年 8 月，虚拟化身平台 Ready Player Me 完成了 B 轮融资，总计融资金额 5600 万美元。Ready Player Me 创建于 2014 年，经过短短几年的发展，已经有超过 3000 个应用使用 Ready Player Me 的可定制版 3D 虚拟化身，包括

VR Chat、Hiber World等。

Ready Player Me不只是为用户提供一个虚拟化身系统，还将目光投向时尚品牌，开辟更多变现途径。通过虚拟化身系统，用户可以购买时尚品牌的数字配件。例如，Ready Player Me曾与虚拟时尚品牌RTFKT合作推出一系列时尚服装单品，用户只要创建自己的虚拟形象，便可领取并穿上时尚服装。同时，Ready Player Me还具备支持用户基于个人照片创建虚拟化身的功能，该功能可以将一张2D照片变成拥有逼真人脸的虚拟化身。

在Web 3.0中，用户能够使用自己创造的虚拟化身进入虚拟世界，与其他虚拟化身、虚拟场景进行交互。虚拟化身的兴起也促使相关虚拟化身平台出现，未来，在这些平台的助力下，更多用户可以通过虚拟化身互动，参与更加多样的虚拟活动。

∧ 4.1.3　虚拟数字人展现更大商业价值

虚拟数字人为现实世界与虚拟世界的连接提供了桥梁，打破了现实世界与虚拟世界的"次元壁"，可以给人们带来强烈的视觉冲击，帮助品牌快速融入年轻人的圈层。同时，全新的交互模式和品牌营销方向的变革，也对虚拟数字人的发展起到推动作用。

为了迎合当代年轻人的喜好，越来越多的品牌开始深度挖掘当代年轻人的特征，以此为依托，打造虚拟形象代言人，与年轻人建立沟通。

例如，2020年8月，韩国Sidus Studio X工作室推出了一位虚拟数字人Rozy。自"出道"以来，Rozy在Ins（Instagram的简写）上已经拥有超过13万粉丝，显示出了超高人气。Rozy的人设是一位22岁的年轻女孩，她会在Ins上发布日常生活、旅行记录、时尚信息等内容，还会与用户进行互动。许多用户都表示并不觉得Rozy是一个虚拟数字人，而是更像一位亲切的朋友。Sidus Studio X工作室则认为，Rozy是一个虚拟与现实的结合体，她可以做到真实人类无法完成的事情，打破时空界限，在各个地方任意移动。

2021年，Rozy的全年收入达到15亿韩元。Rozy的收入主要来自与知名品牌代言签约，如香奈儿、爱马仕等奢侈品品牌。她会在Ins上宣传签约品牌的产品，其广告覆盖面极广，不仅会出现在网络中，还会出现在电视节目、线下广告牌、公交车车身等非网络环境中。除了Rozy自身所具有的超高热度与流量外，虚拟数字人的身份使得其拍摄所花费的时间少于真人，这大大降低了拍摄广告的成本。这也是Rozy受到品牌方青睐的重要原因之一。

除此之外，Rozy还受到时尚界与娱乐圈的喜爱。Rozy与英国知名模特Shudu共同拍摄了民族风格的时尚大片，还前往华盛顿和纽约，参加虚拟时装走秀活动。2022年，Rozy陆续发布了两张专辑*who am I*和*to the sea*，大受欢迎。虚拟代言人帮助品牌吸引年轻人的注意力，俘获更多目标用户，实现品牌盈利增长。

目前，市场中的虚拟代言人分为品牌自主打造、品牌与外部商业团队合作打造两种。第一种虚拟代言人完全出于营销目的而打造，极度符合品牌特性，可以增加品牌营销的社交性和娱乐性，拉近与用户的距离，传递品牌理念。第二种虚拟代言人更接近真人形态，能够独立运营，与品牌保持合作关系。

这两种虚拟代言人各有优势，但其目的都是占据用户心智，让品牌与用户建立更紧密的联系，使得品牌借助虚拟数字人的商业价值实现利润增长。虚拟数字人的商业价值主要体现在以下3个方面。

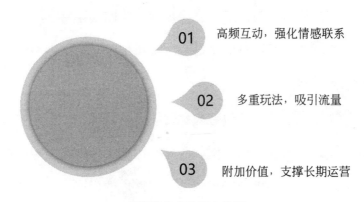

01　高频互动，强化情感联系

02　多重玩法，吸引流量

03　附加价值，支撑长期运营

虚拟数字人的商业价值

1.高频互动，强化情感联系

虚拟数字人有着更高的参与度和自由度，通过与用户互动，可以持续地输出内容，从而拉近品牌与用户的距离，让用户产生强烈的人设代入感，然后与之产生情感联系。

2.多重玩法，吸引流量

虚拟数字人创新了品牌营销的方式。虚拟数字人具有高度人格化、丰富的场景和能够跨次元互动的特点，这使得其可以创造多重玩法，用更符合年轻人喜好的内容、更受年轻人喜欢的社交方式刷新他们对品牌的认知。

（1）高度人格化。如今，很多虚拟数字人不再只是一个图像化的符号，而是人设符合品牌调性、能输出多元化内容的数字化形象。随着技术的发展，虚拟数字人会变得更智能，他们能走进用户的生活中，像真人一样和用户互动，陪伴在用户身边。

（2）丰富的场景。与高度人格化相辅相成的是丰富的场景，虚拟数字人在更多生活化场景中展现出自身的独特价值，可以为商业合作提供更丰富的想象空间。

（3）跨次元互动。虚拟数字人不受地点、环境、时间等物理因素的限制，能够实现跨次元互动。例如，虚拟代言人可以在真实场景中出镜与用户互动，也可以在虚拟场景中出镜与用户的虚拟化身互动，适用的营销场景非常丰富。

随着人们对虚拟数字人的接受程度越来越高，媒体文娱、美妆护肤、潮流服饰、食品饮料等领域都开始尝试启用虚拟代言人。相比真人代言来说，虚拟代言人的可塑性更高，能带给品牌更大的商业空间。虚拟代言人可以运营社交平台账号，通过抽奖、科普、"安利"等形式与用户互动，积累粉丝；虚拟代言人也可以像真人代言人一样拍摄视频、杂志封面，甚至直播带货，实现更好的营销效果，展现更大的商业价值。

3.附加价值，支撑长期运营

虚拟数字人可以与AI助手结合，推出线上服务或某种功能性产品，向用户强化虚拟形象，帮助品牌占领用户心智，促进产品销售。

虚拟代言人因与品牌契合度高、人设稳定、应用场景丰富等优势越来越受各大品牌欢迎。随着Web 3.0相关生态和技术的发展，虚拟代言人将呈现以下3大发展趋势。

（1）对真人替代性不断增强

虚拟代言人能够突破时间、空间、环境等限制，给用户带来新颖的视觉体验，从而增强对真人代言人的替代性。这不仅可以拓展品牌的营销场景，还可以降低真人代言的风险，减少营销成本。随着交互技术的创新，品牌与虚拟代言人合作将成为常态。

（2）技术支撑服务属性落地

虚拟代言人可以更方便地融入其他程序，与用户进行多种形式的交流互动。未来，虚拟代言人可能还会拥有品牌代言人之外的身份，通过无处不在的服务提升用户对品牌的认知。

（3）虚拟社区+数字周边产品

随着技术的进步，用户在虚拟世界中拥有虚拟化身不再是新鲜事。Web 3.0社交兴起，虚拟代言人可以以KOL（关键意见领袖）的身份融入平行宇宙社交圈，品牌可以以此搭建虚拟社区，并发售数字周边产品，从而实现IP变现。

未来，随着语音合成、动作捕捉等底层技术的进一步发展，虚拟数字人的形态和应用都将迎来变革式发展。这将为品牌营销提供更多新思路，助力品牌不断探索新的盈利途径。

4.1.4　AIGC产出千人千面的内容

随着AI、大数据等技术的发展，在Web 3.0时代，AIGC（人工智能自动生成内容）将成为新的内容创作形式。作为除了UGC（用户生成内容）和PGC（专业生产内容）以外的新型内容生产方式，AIGC的产生将会变革内容创作形式。AI不仅能够理解、分析数据，还能依据用户需求提供服务，全方位满足用户的需求，实现千人千面。在用户与AI的共同推动下，Web 3.0能够实现内容的爆发。

AIGC的产生为游戏内容的多元化提供了助力。在游戏领域，很多开放世界游戏的开发商都十分注重游戏版图的打造。例如，贝塞斯达工作室开发的游戏《上古卷轴V》为用户提供了一个约15平方公里的虚拟世界；而在Rock Star开发的游戏《侠盗猎车手5》中，用户身处的城市"洛圣都"超过了80平方公里。一些游戏的版图虽然越来越大，但新的内容却很少，游戏场景、素材、脚本设计等重复现象严重。在这种情况下，地图上一个个等待探索的"问号"非但没有激起用户探索的兴趣，反而成了很多用户"弃游"的理由。

深究背后原因，主要在于游戏开发商PGC模式产能严重受限，内容供不应求。一方面，游戏开发商内容生产能力有限，生产内容的速度难以追上用户消费内容的速度；另一方面，游戏中的脚本、美术和音乐资源需要实现一定程度上的重复利用，游戏开发商才能够更好地把控游戏开发成本。如果内容只由平台提供，那么游戏领域就难以形成多元化的内容生态。

为了丰富内容，一些平台开放了UGC模式，让用户参与Web 3.0的内容生产中。但同时，还有一种内容生产方式也不容忽视，那就是AIGC，即借助AI实现规模化、自动化的内容生产。AIGC在解放大量生产力的同时也能够生成更多合规内容，节省监管成本。

例如，Hour One是一家位于以色列的AI虚拟人制造公司，其为教育培训、电子商务、数字健康等领域的客户提供服务。Hour One的核心产品是自助服务平台Reals。通过Reals，用户可以建立逼真的AI虚拟人，输入文本即可将其激活并制作视频。AI虚拟人可以代表用户用多种语言发言，帮助用户进行远程沟通，提升学习效率。

Hour One的众多客户中，最著名的是Berlitz。Berlitz是一家语言文化培训中心，为学生提供语言学习视频课程。Berlitz最初采用真实教室录制课程，但这种方法消耗时间过长、成本过高。因为要面向不同地区的学生，所以教师要运用不同的语言教学，视频无法批量生产。

在这种情况下，Berlitz选择与Hour One合作，利用其提供的AI虚拟人进行视频课程录制。Hour One为Berlitz提供的AI虚拟人，面部表情与手势自然流畅，语音也十分准确、清晰，非常适合教授语言课程。

Berlitz不必在工作室中花费时间录制多个内容相同、语言不同的真人视频，而是可以利用人工智能生成视频。AI虚拟人提升了Berlitz的工作效率，为Berlitz带来了巨额利润。

从赋能创新内容方面来看，AI通过对海量数据的分析和学习，并基于强大的算法和固定的程序，能够自主、快速创作出新的内容。例如，在太空冒险主题游戏《无人深空》中，虚拟环境、太空船、NPC、音乐等都是AI生成的，大大缓解了游戏团队的内容生产压力。

AI能够大幅提高Web 3.0内容的创作效率。虚拟世界中的建筑、物品以及整个虚拟环境，都可以通过AI自动生成。此外，AI还能赋能UGC创作，用户在创作过程中只需要输入关键的内容元素，AI便可以自动生成内容并补充细节。

未来，随着AI的发展与完善，其将会在内容创作方面发挥巨大作用，为Web 3.0提供多样、动态可交互的内容，从而弥补Web 3.0内容消耗与供给的缺口。

4.2　货的重构：商品由实入虚

Web 3.0的发展，使得商品实现了由实体向虚拟的转换。用户不再局限于在传统电商平台上通过浏览商品的图片、视频了解商品，而能在虚拟场景中全方位感知商品质量，从而挑选、购买商品。虚实结合是数字经济发展的新阶段，而这也将成为重构"人、货、场"的新起点。

4.2.1　实体商品转化为数字商品

在传统电商销售过程中，用户通过浏览商家提供的图片和视频了解商品、购买商品，从线下购物到线上购物，传统电商实现了用户足不出户购买商品的愿望。但是仅仅通过图片、视频了解商品，用户缺少体验感。数字零售的出现解决了这一问题。用户可以通过在虚拟场景中试穿、选购、下单，更具沉浸感，更真实地了解、购买商品。在Web 3.0中，商品将由实体商品转化为数字商品。

例如，在数字商品方面，Gucci已经做出了诸多尝试。2019年，Gucci在官方应用程序中推出一项虚拟试鞋功能。除了试穿外，消费者还可以拍摄自己穿着运动鞋的照片，分享在社交媒体平台上。同时，该功能还有专属的表情包和壁纸，供用户发挥想象，自由选择装饰。

2020年，Gucci与图片视频社交应用Snapchat（色布拉）共同发布了两款滤镜，用户可以用该滤镜虚拟试穿Gucci运动鞋，还可以在线上即时购买。整个过程方便快捷，用户足不出户，只需用摄像头对准他们的脚，就能看到运动鞋的试穿效果。

Gucci的官方App还推出了数字球鞋板块——Gucci Sneaker Garage（球鞋车库）。这个板块包括产品故事、互动游戏、虚拟试鞋等内容，Gucci还在这个板块发布了首款虚拟运动鞋Gucci Virtual 25。这款产品属于虚拟商品，没有实物，售价为11.99美元，用户购买后可以在线以AR形式试穿、拍照、录制视频，并分享到社交平台上。

Gucci还在这一板块中加入了DIY功能，用户可以挑选自己喜欢的元素，如鞋面、鞋底、logo等，自己设计一双虚拟运动鞋。制作完成后，用户不仅可以将作品分享给好友，还可以参与App社群里的"最喜爱的DIY设计"评选活动。Gucci的这一举动，不仅迈出了实体商品向数字商品转化的第一步，还使得商品增添了交互性，打开了商品销售新思路。

实体商品向数字商品转化也能够为传递品牌精神助力。2021年8月，Louis Vuitton（路易·威登，以下简称"LV"）发布了名为 *Louis：The Game* 的游戏。该游戏以LV的发展历程为主线，向用户展现了6个奇幻的世界。通过游戏，用户可以沉浸式了解LV的历史，感悟其品牌精神，游戏中还有30枚价值不等的NFT等待用户挖掘。

区块链、NFT等核心技术的发展，使得实体商品有机会转化为数字商品。品牌需要抓住这一趋势，积极进行数字商品的探索，以满足更多用户的需求，拓展市场。同时，数字商品也有利于传播品牌文化，为品牌赋能，这也是Web 3.0商业生态体系搭建的必经之路。

4.2.2　NFT数字商品引领风潮

近年来，NFT逐渐火热，不仅受到年轻人的热烈追捧，还成为许多品牌开展营销的新方向。许多品牌将目光投向数字营销，打造属于自己的NFT数字商品，借助NFT数字商品焕发新生机。

例如，2022年10月，知名运动品牌Kappa宣布与数字藏品俱乐部"疯狂食客"联名发行新产品。

"疯狂食客"俱乐部是由元智创艺打造的本土原创数字艺术品集合品牌，旗下拥有"疯狂食客""原始立方"两个数字商品品牌。"疯狂食客"俱乐部以BAYC为目标，立志打造属于中国本土的NFT头像。此次与Kappa联名，获得了许多用户的正向评价，这也表明NFT是品牌营销的新方向。双方的合作是品牌营销、跨界合作的新尝试，也体现了探寻品牌NFT化的新思路。未来，将会有更多品牌在NFT数字藏品方面进行更多的探索。

知名IP往往拥有众多的粉丝，而IP与NFT的结合能够激发粉丝对于NFT的热情。例如，NBA Top Shot是一款由Dapper Labs与NBA合作推出的依托于区块链的卡牌收集游戏。NBA Top Shot发布球星卡NFT，上面记录了球星的精彩瞬间。用户购买后，便拥有球星卡NFT的归属权。例如，2021年的明星赛，球星库里投篮后不看篮筐的动作十分经典。于是，库里的球星卡就以这个时刻为核心进行设计，供用户收藏。

球星卡NFT分为3种，分别是Common（普通）、Rare（稀有）和Legendary（传奇），其价格根据球星、稀有度和编号来决定。用户可以以开盲盒的形式购买，以信用卡的形式进行结算。如果在限定时间内没有抽到想要的球星卡NFT，用户可以与其他拥有者进行交易，获得心仪的球星卡NFT。同样，用户也可以出售自己不喜欢的球星卡NFT。

得益于NBA球星强大的号召力，NBA Top Shot吸引了众多不关注NFT市场的球迷入驻。未来，Dapper Labs团队将会开发更多功能，使NBA Top Shot更具可玩性。NBA Top Shot的成功为其他品牌带来了启示：一个好的IP具有强大的吸引力与破圈能力。因此，许多品牌都开始注重与知名IP合作，以吸引更多流量。

不论是艺术家还是球星IP，其核心价值都在于自带流量，能够吸引粉丝为NFT藏品买单。在市场需求下，NFT能够被顺利销售，同时买家也可以通过持有NFT藏品获取后期升值带来的利润。从盈利角度看，与IP结合推出NFT藏品是企业探索NFT领域的可行途径。

丰富的NFT玩法能够为品牌尝试NFT营销提供便利，也可以吸引更多用户。NFT数字商品所带来的活力凸显了其商业价值，随着众多品牌的不断探索，NFT和品牌营销将会碰撞出新的"火花"。

⌃ 4.2.3　所有权拆分，数字商品实现碎片化

在Web 3.0时代，依托于区块链技术，用户可以拥有NFT数字商品的所有权。而NFT数字商品交易的火热，使得其在用户追求盈利这一需求的推动下趋于碎片化。NFT数字商品碎片化指的是用户将NFT数字商品的所有权进行拆分，NFT代币将转换成ERC-20代币，实现碎片化。

NFT数字商品碎片化作为NFT数字商品交易市场发展的产物，利弊分明。NFT数字商品碎片化的好处在于所有权被分割，创作者可以获得

丰厚的收益，用户可以以低价购入NFT碎片；购买的用户增多，用户之间可以建立联系，拥有更多话题，反哺NFT数字商品交易。NFT数字商品碎片化的弊端在于NFT数字商品原本的价值可能会降低。NFT数字商品的价值在于其唯一性，失去唯一性后，其价值可能会折损。

例如，2021年9月，一枚名为"Doge"的NFT数字商品被拆分成16969696969枚ERC-20代币，其中的20%NFT碎片被拍卖，拍卖获得11942枚WETH（一种符合ERC-20标准的以太坊代币），折合4500万美元。该拍卖价格远高于该数字商品的购入价。但随着NFT市场热度的减弱，用户对购入NFT碎片的热情也逐渐降低，各个系列的NFT碎片价格逐渐走低。

总而言之，NFT数字商品碎片化大大增强了NFT交易市场的流动性，使得更多用户可以购入NFT数字商品碎片。但由于市场具有不稳定性，NFT数字商品碎片的价格波动性也极强，因此实现规模化的数字商品碎片化还有很长的路要走。随着Web 3.0时代的到来、区块链技术的成熟，以及NFT数字商品的多元化，相信数字商品碎片化市场的发展也会越来越稳定。

4.3　场的重构：商业场景走向虚拟化

Web 3.0时代的到来将重构未来商业场景。未来的商业场景将逐渐走向虚拟化，以体验、互动为核心，使用户沉浸式购物，营造新的商业氛围。面对即将到来的 Web 3.0 时代，品牌需要根据用户的新要求不断调整自身，构建符合用户喜好的消费场景。

4.3.1　XR+数字孪生，赋能商业场景的重构

随着互联网的发展，用户的消费偏好也在发生改变：由关注产品转变为关注消费场景。为了迎合用户的消费需求，品牌开始构建多样的消费场景，例如，打造线上虚拟消费场景来吸引追逐潮流的年轻人。线上虚拟消费场景的打造离不开科学技术，而XR和数字孪生技术能够将现实世界与虚拟世界融合，提升用户的沉浸式体验。

XR全称为扩展现实技术，是集VR、AR和MR（混合现实）于一体的综合性技术。XR涉及多种交互技术和3D展示技术，是Web 3.0底层支撑技术中最重要的一项。

VR能够给用户提供一个完全虚拟的世界。通过VR头显，用户能够进入一个虚拟的三维场景中，获得拟真的沉浸式体验。同时，借助配合VR头显使用的手柄、手套、动作捕捉等设备，用户可以自由地在虚拟场景中开展活动。VR是连接现实世界和虚拟世界的一项重要技术，将改变人们生活、社交和工作的方式。

AR指的是将虚拟内容导入现实世界，在现实世界中呈现出立体、拟真的虚拟人物或场景。例如，在手机AR的应用中，摄像头会抓取现实图像和三维模型，在现实场景中形成虚拟的立体效果，带给用户更多

的真实感。

借助 VR 设备，用户进入的是一个由计算机模拟的虚拟世界。而 AR 和 VR 不同，AR 能够增强用户与现实世界的互动体验，用户在视觉和听觉方面能够获得更加真实的感受。

MR 指的是虚拟世界和现实世界融合后产生的新环境。在这个环境下，真实实体和虚拟实体能够共存，并且能够实时交互。在混合现实的环境中，当用户身处公园时，不仅能够伸手触碰到虚拟的花朵，还能够真实地闻到花香。同时，用户也可以定制自己的生活环境，自由地在现实世界里叠加虚拟景象。

而作为以上技术的结合体，XR 能够更真实地显示虚拟场景，并能够和虚拟场景中的事物进行多样化的立体交互。借助多样的 XR 设备，用户可以看到虚拟的三维场景和虚实相融的三维场景，并且能够和其中的事物进行自由交互，获得更多的沉浸感。

数字孪生是一种将现实世界镜像化到虚拟世界的技术，即依据现实中的物体创造一个数字孪生体。同时，现实物体与数字孪生体之间是相互影响、相互促进的。简而言之，数字孪生就是创造一个还原现实世界的虚拟场景，支持人们在其中进行各种尝试。

当前，数字孪生已经从概念走向实践，在工业领域实现了落地应用。借助于数字孪生技术，企业可以实时收集产品性能数据，将其应用到虚拟模型中。通过这种模拟，企业能够尽快明确产品的设计流程、测试相关功能，提升产品研发和生产的效率。例如，通用电气公司借助数字孪生技术让每个机械零部件都有一个数字孪生体，并借助数字化模型实现产品在虚拟环境下的调试、优化，从而调整产品方案，将更完善的方案应用于现实生产中。这不仅提高了企业的运行效率，还节省了企业的调试、优化成本。

随着XR、数字孪生技术的发展，科技赋能商业场景重构已经成为发展趋势。品牌将以XR技术与数字孪生技术为依托，为用户打造多样消费场景，推动数字经济获得更好的发展。

˅ 4.3.2 生产场景：虚实协作平台搭建虚拟生产场景

纵观互联网的发展历程，每一次互联网领域的发展变革都是为了实现用户与虚拟世界更好的连接。Web 3.0时代即将到来，虚实协作平台为企业在虚拟世界内生产提供了可能性。虚实协作平台能够搭建虚拟生产场景，企业生产流程的优化、调整都可以在虚拟场景中实现。

例如，在2021年的GTC大会上，英伟达创始人黄仁勋介绍了多项新技术，其中最受瞩目的当属虚拟协作平台Omniverse。英伟达的目标是将Omniverse作为生产力工具，帮助用户之间建立沟通，实现协作。英伟达的产品经理Michael Geyer认为Omniverse对于英伟达就像AWS之于亚马逊："他们为自己构建了一堆东西，然后意识到它可能对世界有用。"

英伟达为Omniverse的发布准备了5年。在这5年间，计算机图形学有了很大进步，但3D内容依然存在诸多问题。例如，相比2D内容丰富的制作工具，3D内容的制作工具仍有缺失；3D内容的数据集增加快，很难移动数据；3D工具繁杂，很多工具不能兼容；没有足够强大的硬件处理3D内容等。为了解决这些问题，英伟达创造了Omniverse。

Omniverse具有明确的构造，分为5个部分。其中，Nucleus是核心，负责协调所有服务和应用；Connect负责连接Omniverse和其他的3D工具；Kit负责让开发者能用自己喜欢的语言进行开发；Simulation负责进行物理模拟；RTX Renderer负责渲染图像。

Omniverse在2020年10月已经开始公测，有1.7万名用户进行了体验。Omniverse更像一个辅助平台，让用户能够跨行业协助，减少摩擦；轻量化设计，提高工作效率。英国建筑设计企业Foster+Partners把Omniverse当作实时协作工具，提升了团队协作效率。Omniverse的潜力不止于此，未来，Omniverse将会为Web 3.0时代的发展贡献自己的力量。

为了提高工厂的效率与产量，许多企业不再满足于现实工厂，而是选择将工厂搬到虚拟世界中。作为知名汽车品牌，宝马集团与Omniverse平台达成长期合作，协调全球31座汽车生产工厂的生产。宝马集团的生产线数目众多且繁杂，每条生产线都能够生产10多个类型的汽车，每个类型的汽车又有超过100种搭配方案，所有的生产线有超过2100种搭配方案，这为宝马集团生产效率的提升增加了困难。

在Omniverse平台上，宝马集团的员工可以共同使用多种之前并不兼容的工具，共享生产数据。Omniverse平台解决了之前数据不互通和汽车工厂规划耗费时间的问题，提升了宝马集团的生产效率。

同时，在Omniverse平台上，宝马集团还可以对汽车工厂的重点生产线进行特殊环境模拟，优化生产流程。宝马汽车的整车装配由流水线员工完成，为了提高他们的工作效率，宝马集团通过Omniverse创建的虚拟实验场景，让员工穿戴着高速传感器进行操作，相关数据实时反馈在Omniverse上。工程师可以在虚拟场景中实时进行数据调整，并由员工在线下同步验证。

依托于Omniverse的孪生工厂，操作中的流程问题、未知风险都已率先预演并得到修正。宝马集团每年的产能高达250万辆，生产流程中任何一处细小的优化对其效益的提高都是有意义的。

再如，员工可能会因为特殊情况无法到岗，从而影响工作进度。在这种情况下，虚实协作平台Gather应运而生。Gather创办于2020年5月，是一个集办公、社交、游戏等功能于一体的虚拟平台。在这个虚拟平台中，用户需要在注册时创建自己的虚拟化身，然后借助自己的虚拟化身在不同区域内移动，开展各种活动。

用户进入Gather建立自己的空间时有3种模式可选，分别是建立办公区域、组织活动和探索其他社交。用户在确定好空间规模和空间名称后，就可以建立自己的Gather世界。

Gather的基础功能是线上办公，其为用户提供了基础的虚拟协作平台，使用户可以远程完成工作。Gather具有定制空间的功能，可以最大限度地还原真实办公室场景，使用户身临其境。同时，Gather还提供虚拟办公室功能，这是其最特殊的功能。当用户操纵自己的虚拟化身走进虚拟办公室时，办公室外的其他用户无法听见用户在虚拟办公室内的谈话，极大地保证了谈话的私密性。用户也可以给虚拟办公室设置门禁，当有访客敲门时，用户可以选择接受或拒绝会面，再现了真实工作场景。

用户还可以在Gather中举办丰富的虚拟活动，如线上产品发布会、音乐会、生日派对等。单个Gather空间的容量为500人，用户可以选择将空间连接在一起，以容纳更多人。

Gather仅成立两年便吸引了1000万用户，超过1万个团队在Gather中设立虚拟办公室。Gather的成功秘诀在于其关注用户的社交需求，创造了有趣、新颖的互动方式，满足了用户对于更多社交场景和个性化定制空间的需求。

未来，虚实协作平台将被运用于更多领域的生产场景中，可以使用户突破物理距离限制，实现线上办公，提升工作效率。

˄ 4.3.3　销售场景：给予用户沉浸式消费体验

在Web 3.0时代，技术的革新能够实现销售场景的重构，营造出虚拟和现实结合的销售场景，带给消费者更高的沉浸感。这将变革传统的销售方式，充分提高销售效率，同时，也能够帮助品牌开辟与用户沟通的新阵地，有助于品牌与用户增进感情，加强用户的品牌认同感。

一般而言，企业在为用户打造定制化产品之前都要和用户沟通设计细节、展示产品模型。但受限于当下的展示技术，企业难以全面模拟并展示产品的设计流程、操作模式等，容易造成彼此理解的误差，也不利于促成销售。

但如果将销售场景搬进虚拟场景中，很多沟通方面存在的问题都可以迎刃而解。例如，企业可以在虚拟世界中展示产品从设计到生产完成的全流程，甚至可以让用户在虚拟世界中操作产品，明确产品是否符合自己的预期。如果用户对产品的某一功能不满意，企业也可以及时调整数据，改进设计方案。

同时，将销售场景搬进虚拟场景中也可以带给用户更好的购买体验，能够更好地促成销售。例如，当前用户在定制汽车时，可以在大屏幕中自由选择汽车的颜色、内饰、配置等，组合成自己喜欢的定制款，但无法获得真实的试驾体验。而在Web 3.0的销售场景中，用户按喜好定制好汽车后，还可以借助VR设备进入虚拟空间，驾驶汽车自由穿梭于公路、沙漠等场景中，沉浸式感受汽车的功能和性能。帕莱德门窗推出了一个虚拟产品体验平台，用户借助VR设备可以在虚拟场景中获得真实的产品体验。借助该虚拟平台，用户足不出户就可以亲身体验定制化方案的最终效果。这样的销售方式不仅能够为用户提供更多便利，还能够大大提高产品转化率。

与线下的真实场景相比，Web 3.0的虚拟场景更具科技感，能够引起用户兴趣，吸引更多用户参与。例如，伊利金典就在百度"希壤"中召开了品牌发布会，宣传其开发的A2-干酪蛋白纯奶。在"希壤"的虚拟场景中，用户可以创建自己的个人形象进入会场，由浏览者变为参与者，沉浸式体验发布会。借助虚拟平台，品牌能够高效触达更多消费者，开拓新的销售场景。

尽管当前电商销售依旧是市场中主要的销售方式，但以发展的目光来看，Web 3.0虚拟平台助力销售场景升级是新市场需求下的必然产物。在Web 3.0时代的大环境下，品牌需要瞄准市场风口，紧跟时代脚步，借助新技术实现销售场景的创新。

∧ 4.3.4　百事音乐派对：将虚拟场景与虚拟偶像深度绑定

Web 3.0时代的到来意味着品牌需要及时转换思维，以更多的新鲜创意和内容刺激用户，以更好的姿态拥抱全新的时代。百事的Web 3.0沉浸式音乐歌会就是一次依托Web 3.0虚拟场景的成功营销，其将虚拟场景与虚拟偶像深度绑定，用户在线上演唱会中与产品产生交互，为品牌助力。

2022年，走在营销前沿的百事率先推出了百事家族虚拟偶像，并组成了虚拟偶像天团"TEAM PEPSI"。虚拟偶像天团"TEAM PEPSI"的4名成员以百事可乐、无糖版百事可乐、7喜、美年达4款高人气产品为原型，每个人物都个性鲜明，引人注目。

在虚拟偶像天团"TEAM PEPSI"中，主唱PEPSI拥有一头粉色短发，是一名唱跳俱佳的全能型选手；DJ是PEPSI NO SUGAR，一头黑色脏辫彰显出其张扬的个性；7UP手握一把电吉他，以灵动的神态和自在的动作体现了其对舞台的享受；MIRINDA则是"可盐可甜"的鼓手，一身橙黄色穿搭尽显活泼可爱。

2022年7月16日，百事旗下虚拟偶像天团"TEAM PEPSI"携手虚拟音乐嘉年华TMELAND，在Web 3.0的虚拟场景中举办了一场名为"百事可乐潮音梦境"的Live House，突破了时空的局限，为热爱音乐、追求潮流的年轻人带来了一场虚拟演唱会。

"百事可乐潮音梦境"以"梦境"为核心，鼓励用户深度参与演唱会。在演唱会中，用户会在特殊音乐嘉宾的带领下，漫步于多种场景中，开启一场沉浸式"梦境"旅途。在旅途中，用户一边伴随着绚丽的霓虹灯光扭动身体，一边聆听由虚拟偶像天团带来的百事首支主题曲 *Pepsi Cypher*。用户可以近距离接触偶像，获得绝佳的音乐体验，还可以参与百度组织的原创歌词共创活动。届时，用户创作的歌词将呈现在其身后，带给用户别样的体验。

演唱会开场不到20分钟便吸引了约200万用户观看。百事以"梦境"为概念，不仅带领年轻人享受了一场视听盛宴，还打破了虚实界限，展现出无限的创意。未来，百事将依托Web 3.0的虚拟场景创造出更多有创意的玩法，助力品牌触达更多用户，进一步挖掘虚拟场景的营销价值。

第 **5** 章

品牌战略升级：
向着虚拟空间进发

品牌战略是企业以打造品牌为核心制定的一系列品牌发展规划和行动方案。Web 3.0时代即将取代Web 2.0时代，品牌要跟随时代发展的步伐及时进行品牌战略升级。在Web 3.0时代，品牌和用户的关系发生了改变，品牌由抽象概念过渡到具体感知，品牌向着虚拟空间进发。

5.1　Web 3.0下，品牌战略迭代的必要性

Web 3.0能够构建一个去中心化的虚拟网络世界，由此延伸出了庞大的虚拟经济市场。用户的购物行为从现实世界向虚拟世界迁移，这意味着品牌战略也要进行相应迭代。为了优先抢占市场，品牌不得不抛弃"品牌创作内容，用户接收内容"的传统营销方式，转向实行赋予用户更多权利、增强用户参与感的互动营销方式。Web 3.0为品牌带来新的发展机遇，抢占第一波红利已成为品牌战略迭代的首要目标。

5.1.1　Web 2.0市场空间不断缩小，获客与转化困难

随着Web 2.0发展到一定程度，经济市场空间不断缩小，流量集中于几个核心平台，品牌获客与转化的难度飙升。品牌面临的问题主要包括以下几个。

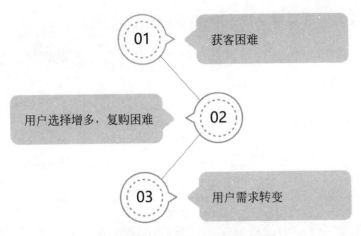

品牌在获客与转化方面面临的问题

1.获客困难

许多品牌将希望寄托于线上的流量红利，但是当下流量红利已经逐渐消退，品牌的营销成本居高不下。用户在经历了大量爆款内容的洗礼后，对于如今千篇一律的营销内容缺乏新鲜感。这造成品牌营销获客、转化困难。

2.用户选择增多，复购困难

当下，市面上的新品牌越来越多，用户的选择也越来越多。其他产品更为优惠的价格、更多有趣的功能，使得用户很难始终对一个品牌保持忠诚。大多数品牌都在积极地进行数字化转型，将年轻用户作为目标消费群体，但是年轻用户的注意力很容易转移，很少产生复购行为。

3.用户需求转变

科技的进步使得用户的消费偏好和消费需求发生了很大的改变。用户不再仅仅追求实惠、物美价廉，而是追求更高层次的满足感、幸福感。如果品牌不能及时根据用户需求的转变改变自己的销售思路，就很难受到用户的青睐。

面对Web 2.0市场空间不断缩小的现状，许多品牌开始将Web 3.0视作探索的新方向，提前布局Web 3.0，探索全新的市场空间，向虚拟世界进发。例如，Facebook把公司名称改为"Meta"；Gucci发布了虚拟服饰、NFT数字藏品等；百度推出了虚拟数字人"度晓晓"；一汽奔腾在虚拟空间举办线上发布会等。在Web 3.0趋势下，品牌只有紧跟时代潮流，进行战略升级，开辟新的市场空间，才能更好地生存。

⌃ 5.1.2　用户转变，由真实用户转向虚拟化身

在Web 3.0时代，用户从浏览者变成参与者，每位用户都有一个虚拟化身。虚拟化身可以由用户自由创造，满足用户的个性化需求。虚拟化身能够实现用户的自我表达，也为不同平台的差异化发展提供助力。

虚拟化身可以让用户在虚拟的世界里获得拟真的存在感。例如，韩国互联网巨头Naver推出了虚拟化身打造平台Zepeto，支持用户根据个人喜好定制虚拟化身。创建好虚拟化身后，用户可以选择不同的背景、姿势拍照，分享到社交圈。从2.6版本开始，Zepeto添加了"主题乐园"功能，拓展陌生人社交场景。之后，"主题乐园"功能不断扩充，最终形成了"世界"栏目。

社交场景的拓展，让Zepeto成为品牌营销新阵地。Naver Z的相关数据显示，Zepeto的用户中有大量年轻女性，年龄介于13～24岁。这一用户群体与众多时尚品牌的目标用户群体高度重合，因此，Zepeto吸引了超过60个知名品牌与IP入驻。

在Zepeto中进行营销和现实世界中的营销有一个不同之处，就是品牌要面对的不再是现实世界中的用户，而是用户在虚拟世界的虚拟化身。他们既具有人的属性，又具有虚拟交互的需求。对于品牌来说，把握这一点很重要，这意味着品牌不仅需要策划现实的用户参与的活动，还需要策划虚拟化身参与的活动，以满足人们进行虚拟交互的需求。

再如，虚拟化身科技公司Genies在打造虚拟化身方面做出了诸多尝试，凭借为名人制作能在各大社交平台流传的3D数字形象功能，圈粉无数。用户在Genies上可以根据自己的喜好定制虚拟化身，用户的虚拟形象可以是动物、玩具，也可以是外星人。同时，Genies会根据用户的喜好和特长，生成3D图像、动图、短动画等不同版本的虚拟化身。

除此之外，Genies还设置了多种可供虚拟化身穿戴的设备，如头盔、武器等，用户可以通过充值购买或参与Genies的官方活动获得设备。未来，Genies将通过VR技术，打造更逼真的虚拟数字世界，用户的虚拟化身可以在不同虚拟场景中穿梭，还可以与偶像的虚拟化身同行或交流。

虚拟化身的出现、用户对于虚拟社交的需求等为品牌提供了新的发展机会。例如，Gucci与Genies合作，在Genies App中上线了上百套服饰以供用户挑选。这无疑展示了虚拟世界的商机。

在虚拟平台上，用户通过虚拟化身和别的虚拟化身互动会获得很强的沉浸感和代入感，用户很容易被吸引。在这个虚实共生、技术迭代速度加快的时代，品牌应了解用户形象的转变，抓住机会促进消费，占领更大市场。

5.1.3　用户需求转变，年轻化品牌更受用户青睐

当前，品牌的主要用户是深受互联网和众多科技产物影响的年轻人。这些年轻用户从小就享受着数字化和科技发展带来的红利，他们崇尚个性、充满好奇、注重体验、强烈希望被认同、容易受到外部环境的影响。基于这些特点，年轻用户不再拘泥于老品牌，而更偏向于年轻化、能够带给他们更多新鲜感的品牌。

作为成长起来的消费主力，年轻用户更青睐与其共同成长的年轻化品牌。为了快速争夺年轻用户，品牌需要研究年轻用户的喜好，聚焦其需求举办活动。具体而言，年轻用户的需求主要表现在以下两个方面。

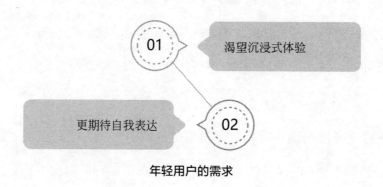

年轻用户的需求

1.渴望沉浸式体验

由于时间、距离等因素，年轻用户无法随时去观看演出。仅仅通过手机、电视等智能设备，用户无法获得如临现场的视听体验，因此用户更加渴望沉浸式体验。依托于科技的发展、用户的衍生需求，许多品牌开始尝试在虚拟空间中开展活动，满足用户对沉浸式体验的需求。

例如，2022年11月，PICO携手虚拟女团A-SOUL在虚拟空间中举办了一场演唱会。用户可以通过VR一体机PICO进入虚拟空间，沉浸式观看演唱会。本次虚拟空间演唱会以"奇妙宇宙"为主题，有深海、城市、天空、银河4个场景。

PICO为虚拟演唱会提供了技术支持。在演唱会中，用户不仅可以在最佳视角观看A-SOUL的表演，还可以通过弹幕、表情与A-SOUL互动，A-SOUL会在第一时间给予用户回应。虽然没有了现场的尖叫声和挥舞的荧光棒，但这种"0距离"的互动体验是线下演出无法提供的。

过去，品牌方想要在一场大型演出中宣传自己的产品，需要投入重金获得冠名权或赞助活动现场的物品。但因地域等因素的限制，一场活动的容量有限，品牌方投入重金却不一定能得到很好的宣传效果。

而虚拟世界可以使宣传效果最大化。虚拟世界可以把数以亿计的用户聚集在一起，也就是说品牌可以被数以亿计的用户看到。另外，品牌宣传的场景也变多了，虚拟装扮、娱乐场景、社交场景等都可以成为品牌宣传的场景。例如，在Roblox、Fortnite、Decentraland等虚拟平台上，可口可乐、三星等品牌通过虚拟广告牌进行广告营销。

此外，虚拟世界的活动受用户青睐的原因之一是能给用户提供极高的沉浸感。对于早已习惯虚拟世界与现实世界交互的年轻用户来说，普通的虚拟交互并不能刺激他们的兴奋点，他们真正期望的是更沉浸、不受限制的交互世界。过去他们在线上进行的交友、购物、游戏等活动，只是思维层面的虚拟化，而感官层面仍停留在现实世界。所以只有让他们全身心都融入虚拟世界中，获得拟真的沉浸式体验，才能真正打动他们。

2.更期待自我表达

年轻用户从小的生长环境让他们习惯了在社交网络上分享自己的生活，将自己暴露在公共视野中，他们渴望在虚拟世界中塑造一个更完美的自己。对品牌而言，这是一个机会。品牌要逐渐舍弃主动向用户推销自己的营销方式，与用户建立合作关系，帮助用户实现自我表达，以赢得用户的喜爱和信任。

年轻用户已经成为虚拟世界中的主流群体。他们渴望展示自己，希望在虚拟世界中实现个性的延伸。品牌只有尊重用户的诉求，助力其实现自我表达，才能增加用户对品牌的好感，用户才会成为品牌的粉丝，为品牌的产品付费。

例如，屈臣氏推出一位虚拟员工"屈晨曦"，并宣布其为品牌代言人。作为一名出色的虚拟员工，屈晨曦能够和人们聊天，为人们提供专业、个性化的咨询建议。同时，屈晨曦积极切入直播带货赛道，携手知名带货主播，通过直播一次次地引爆了产品销量。对于屈晨曦未来的发展，屈臣氏表示其会长久地处于成长学习的阶段，未来屈晨曦如何发展是由粉丝决定的。由此可以看出，屈臣氏将屈晨曦设定成一位"养成型"的虚拟偶像，会基于用户的需求进化成长。

在互联网时代，用户需求、文化语境都发生了改变，许多传统品牌不得不尝试走上年轻化的道路。面对新一代用户，品牌只有明白用户需求，适时转型，才能获得更好的发展。

5.2　Web 3.0打开品牌增长新空间

Web 2.0时代的流量红利逐渐减少，传统的增长模式难以支撑品牌发展，许多品牌为争夺仅存的流量而展开激烈的竞争。Web 3.0时代的到来，打开了品牌增长新空间，品牌通过虚拟空间获得收益成为现实。

5.2.1　激烈的市场竞争下，Web 3.0打开全新虚拟市场

在Web 2.0时代，各大品牌为了争夺市场，利用大数据等技术花样百出地进行线上营销，用户对传统的营销方式已产生疲乏。Web 3.0时代的到来、区块链技术的发展，催生了虚拟空间。品牌不再局限于以前

的品牌表达阵地，而选择在虚拟空间开辟品牌增长新空间。

例如，沙盒游戏公司Roblox从上市起就实现了股价的阶段性上涨。2021年11月初，Roblox发布的Q3财报显示公司收入同比增长102%，达到5.093亿美元。公司第三季度平均DAU（Daily Active User，日活跃用户量）为4730万，同比增长31%。

为什么Roblox能够在资本市场中风生水起？这与其创造出的虚拟空间密切相关。Roblox本质上是一款沙盒游戏平台，但融入了诸多虚拟元素，这使其拥有无穷的魅力。Roblox在虚拟空间的沉浸体验、内容生态、社交体系、经济系统等方面都做出了努力。

（1）沉浸体验：Roblox兼容VR设备，同时具有头部追踪、转换视角等功能，为用户提供更好的沉浸式体验。

（2）内容生态：Roblox为用户提供多样的创作工具和丰富的素材库，鼓励用户进行自由创作。用户可以根据自己的兴趣创作角色扮演、动作格斗、经营、养成等多种类型的游戏，并可以自行设计游戏的场景、道具、脚本等。

（3）社交体系：Roblox具有很强的社交功能，用户可以在虚拟世界中与好朋友一起创作、体验游戏，也可以结识新的朋友，甚至可以在虚拟世界中举办演唱会、生日聚会，邀请朋友前来参加。

（4）经济系统：Roblox中有一套完整的经济系统，覆盖内容创作与消费。其经济系统以其虚拟货币Robux为基础，用户可以购买或通过设计道具、创作游戏等获得Robux。Robux可以与现实世界中的货币互相兑换，用户可以将获得的Robux兑换成现实中的货币。

Roblox在虚拟市场的成功，使得众多品牌看到了发展的新风口，纷纷布局虚拟市场。新兴的游戏公司、VR公司等借助Web 3.0的东风纷纷获得融资，而腾讯、字节跳动等互联网大厂投资动作不断，加速在虚拟市场布局。在互联网行业发展放缓的当下，各大巨头需要布局新的增量市场，以进一步扩大自身的商业版图，而Web 3.0能打开全新的虚拟市场，给品牌提供新的发展机遇。

5.2.2　Web 3.0支持下，品牌通过虚拟世界创收成为现实

Web 3.0作为互联网发展的下一阶段，带给品牌的不仅仅是一个新的营销阵地，而是以此开拓出的丰富的盈利场景。Web 3.0为品牌提供平台，区块链技术构筑起去中心化的虚拟世界，NFT为用户资产保驾护航，在多重因素助力下，品牌通过虚拟世界创收成为现实。

2022年10月，昆仑万维对外公布了其2022年前三季度的业绩报表。报表显示其前三季度的总营收为34亿元。其中，人工智能、虚拟空间等技术为其带来的营收十分可观。

昆仑万维的业务包括动态资讯、社交平台、游戏娱乐等。昆仑万维收购了用户众多的浏览器Opera，将其打造成海外信息分发与虚拟空间平台。2021年11月，Opera通过相应的游戏浏览器、游戏引擎和游戏社

交平台打造了虚拟空间，覆盖虚拟游戏、虚拟社交等诸多场景。在Web 3.0时代相关技术的支持下，昆仑万维通过虚拟世界获得了大量收益。随着VR、AR、XR、数字孪生等技术的发展，将会有虚拟空间出现，为品牌提供更多样的盈利场景。

借助区块链技术，NFT使得品牌在虚拟空间创收成为现实。例如，2022年8月，珠宝品牌Tiffany开启了利用实物定制NFT的新玩法，推出了NFT珠宝作品NFTiff。这一名称来源于"NFT"与"Tiffany"的组合。第一批NFTiff在8月5日上市，限量250个，每个作品的发行价格为30ETH（以太币的简称）。即便数字货币价格下行，Tiffany仍能够凭借NFTiff在虚拟空间营收超过5万美元。再如，LVMH旗下的宇舶表、泰格豪雅等品牌也开展NFT相关业务。宇舶表推出了两款与真实腕表相对应的NFT作品；泰格豪雅推出可直接展示NFT的手表，实现了品牌线上线下同时盈利。

从短期来看，在Web 3.0发展趋势下，仍有许多技术、应用、玩法需要品牌探索；从长期来看，Web 3.0作为下一代互联网的革新方向，充满了想象空间，品牌需要结合自身需求努力探索，寻找盈利之道。

5.3 全方位迭代品牌战略

Web 3.0时代的到来，意味着传统品牌战略已经不能适应品牌未来的发展。为了把握 Web 3.0 时代的红利，品牌开始全方位迭代品牌战略。品牌可以从定位战略、产品战略、营销战略 3 个方面入手全方位迭代品牌战略。

5.3.1 定位战略：从聚焦用户到聚焦虚拟化身

在 Web 3.0 时代以前，用户以浏览者身份参与互联网活动，品牌进行内容产出吸引用户。而在 Web 3.0 时代，每位用户在虚拟空间中都有一个虚拟化身，用户以数字身份参与线上活动。虚拟化身只有一个，他是有着消费习惯、品牌偏好、数字资产的虚拟个体。而虚拟空间中的营销对象便从用户变成这些虚拟化身。因此，品牌也应该及时进行定位战略迭代，从聚焦用户转变为聚焦虚拟化身。

例如，With Me 是一款于 2021 年 12 月上线的虚拟社交 App，用户主要来自美国、加拿大等北美国家。在 With Me 中，用户可以使用虚拟化身与其他用户交流。与其他社交产品要求用户从 0 到 1 地创建虚拟化身不同，With Me 要求用户在系统预设的 24 个形象内选择自己的虚拟化身，并在此基础上进行改造。With Me 为用户的虚拟化身改造提供了丰富的选项，用户可以选择发型、脸型、五官、服饰、展示视频等。其中，虚拟化身的发型就有 70 多种选项，包含短发、中长发、卷发、直发等，每种发型还有 45 种发色可供选择，充分满足了用户的个性化需求。

在通过虚拟化身进行社交方面，With Me 也十分努力。With Me 共有11个官方场景，用户点击便可进入。With Me最大的特点是可以在一个场景内实现多种互动。例如，用户可以利用自己的虚拟形象在一个场景内完成在舞池热舞、在墙上涂鸦、做游戏等互动活动，十分有趣。

用户还可以在场景内利用虚拟化身与其他用户进行互动，互动形式有聊天、发送表情包、打招呼、拥抱等。用户也可以点击自己感兴趣的用户，相互关注后便可以成为好友。With Me这种在同一平台利用虚拟化身进行的多场景社交，实现了从聚焦用户向聚焦虚拟化身的转变，为品牌探索Web 3.0打开了新的思路。

随着虚拟空间的逐步发展，去中心化成为现实，类似With Me平台中的虚拟形象将在虚拟世界中代替我们完成消费习惯、品牌偏好等的表达。品牌将转换定位，聚焦于虚拟人群。未来，将会出现更多针对线上虚拟化身的营销方式，围绕虚拟化身兴起的虚拟装扮、虚拟表情等产业也会越来越多。

5.3.2 产品战略：从服务到陪伴，提供沉浸式体验

在Web 3.0的浪潮下，用户的消费需求不断发生变化，更渴望沉浸式体验。为了迎合用户需求，顺应Web 3.0时代发展潮流，越来越多的品牌将陪伴用户作为产品战略，为用户提供沉浸式体验。

例如，2020年"六一"儿童节，数字王国旗下的虚谷未来科技公司（以下简称"虚谷未来"）推出了我国第一位少儿阅读推广人"小艾"。

这是数字王国在消费级虚拟数字人领域推出的核心产品。作为一名12岁的狮子座少女，小艾面向的是学前和小学低年级的小朋友，通过分享学习和生活，陪伴小朋友健康成长。

依托数字王国自主研发的实时动态追踪、眼球追踪和重力计算等技术，小艾的表情和动作能够惟妙惟肖地实时呈现。在特写镜头下，小艾脸上的雀斑、服装上的亮片等细节都清晰可见，甚至在其跳跃时，发丝和裙摆都会随重力感应呈现相应的变化。

小艾的重要价值就在于陪伴。很多家长因为工作繁忙，难以长期陪在孩子身边，帮助孩子养成阅读习惯。而小艾就扮演了一个陪伴阅读的角色，激发孩子的阅读兴趣，引导孩子学会思考。目前，小艾主讲的少儿知识百科类动画《小艾问学》已经上线。在动画中，小艾生动地解答了很多有趣的问题，与小朋友们一起奇思妙想。

除了虚谷未来外，在陪伴型虚拟数字人方面，Fable Studio公司也做出了探索。在建立之初，Fable Studio是一家VR叙事类娱乐公司，在凭借VR短片 *Wolves in the Walls* 获得了艾美奖后，其开始将发展重心转向虚拟数字人，推出了虚拟数字人Lucy。Lucy是一个可爱的8岁小女孩，可以自由和人沟通，给人温暖的关怀。

在虚拟数字人的设计风格上，Fable Studio十分重视虚拟数字人的故事感，以营造温暖的情感关怀。Fable Studio认为，人们在生活中往往会产生孤独感，渴望交流和陪伴，但由于人与人之间的距离感，找到一个贴心的陪伴对象并不容易。基于这种需求，Fable Studio希望打造出陪伴型虚拟数字人，为用户提供可以交流的朋友。2021年，Fable Studio推出了新的陪伴型虚拟数字人Charlie和Beck。其具有强大的日常交互能力，能够像真人一样和用户对话，满足用户的沟通和陪伴需求。

随着虚拟数字人技术的发展及应用，虚拟数字人不仅能够在电商、金融等领域为我们提供多样的服务，还会深入我们的生活，成为我们的个人管家、工作助手，甚至朋友。未来，我们的生活可能是这样的：早上，当我们醒来时，虚拟管家会向我们打招呼并讲述当下的新闻，提醒我们今天要做的事等；当我们佩戴VR设备进入虚拟空间中自己经营的虚拟商店后，负责日常工作的虚拟员工会向我们汇报昨天或近期的交易订单；回到现实中，当我们驾车出行时，车载语音助手会化身可爱的虚拟化身，为我们播报路况。

在产品战略迭代方面，品牌可以聚焦用户需求，推出陪伴型产品。未来，除了虚拟数字人外，品牌还可以从用户的衣、食、住、行等方面考虑，借助科技的力量推出更多陪伴型产品，为用户提供更加贴心、温暖的服务。

5.3.3 营销战略：借虚拟技术实现沉浸式营销

在Web 3.0时代，品牌可以借助虚拟技术将营销活动迁移到虚拟空间。在虚拟空间中，品牌可以尝试更多新奇的营销玩法，带给用户沉浸式体验。沉浸式营销是品牌直达用户的途径，品牌与Web 3.0时代新技术的碰撞，将会产生更多的"火花"。

从游戏、社交，到制造、电商，再到营销，很多领域都在虚拟技术的助力下发生了深刻变革。因此，很多品牌都积极转变营销战略，将营销场景迁移到云端，实现沉浸式营销。例如，阿里巴巴启动"Buy+"计划，借助 VR、AR、人工智能等技术打造三维虚拟购物场景；华为引入"场景购"解决方案，用 VR 购物场景打造沉浸式消费体验；华伦天奴在天猫上开了一家虚拟旗舰店，帮助消费者在线上浏览实体快闪店并购买心仪的产品；眼镜品牌 GM 将营销场景从线下搬到了线上，借助淘宝展示虚拟商品。

品牌要想实现虚拟营销，关键在于搭建一个虚拟空间，并在这个虚拟空间中满足消费者对购物的所有想象。VR 数字孪生云服务商众趣致力于探索虚拟购物，运用 AR、VR、机器视觉等技术打造虚拟购物场景，为品牌提供虚拟营销"基建"服务。

众趣旗下有很多优秀的空间扫描设备，再加上数字孪生、3D 视觉算法、互联网三维渲染等技术的加持，可以帮助企业构建虚拟购物场景，也可以对线下购物场景进行三维立体重建，从而将线下购物环境完整、真实地还原到虚拟世界中。

此外，众趣还能帮助企业在虚拟购物场景中设置购物标签。企业可以借助标签向消费者展示产品详情和购买链接。在虚拟购物场景中，企业还可以设置快捷导航，以便让消费者更简单、迅速地浏览不同旗舰店，进一步提升消费者的消费体验。

目前，众趣已经和阿里巴巴、华为、红星美凯龙等知名企业展开合作，通过自己强大的技术和工具帮助这些企业构建虚拟购物空间。有了众趣的支持，这些企业可以为消费者提供更优质的服务，而消费者则可以在足不出户的情况下享受到和线下购物几乎没有差别的沉浸式消费体验。

近年来，虚拟技术不断发展，为了突破地域的限制，吸引更多的年轻人，许多品牌选择使用虚拟技术在虚拟空间中开展营销活动。在虚拟空间中，品牌通过无缝转换的场景和充满科技感的舞台向用户展示自己的产品，传递品牌理念，实现品牌形象升级。虚拟营销能够增强用户沉浸感，吸引更多年轻用户的关注。

例如，2022年5月，顾家家居将其梦立方床垫新品发布会搬到虚拟空间中。线上虚拟发布会由虚拟数字人"银河赏金猎人小顾"担任主持人，小顾活泼可爱的形象为发布会增添了趣味。小顾可以实时与用户互动，拉近与用户的距离，吸引用户停留，带领用户开启跨次元的虚拟空间之旅。相比于单调的平面角色，虚拟主持人小顾则更加鲜活，能够在打造品牌差异化特征的同时，增强年轻用户的黏性。在虚拟发布会上，用户在虚拟主持人小顾的引导下，体验梦立方床垫的多种应用场景，沉浸式感受梦立方床垫的舒适程度。

再如，2022年6月，生活用纸品牌清风在虚拟空间中举办了以"绿色清风，探索之旅"为主题的发布会。发布会以绿色森林为背景，搭配清风NFT花朵元素，为用户带来绿荫环绕、花香拂面的感觉。不同于传统的观众观摩模式，线上发布会为用户设置了"云打Call"席位，突破了线上直播的边界，用户参与发布会的热情高涨，获得无穷的乐趣。此次发布会参与用户累计达到700万，互动评论超过200万次，将品牌、用户体验深度联系在一起，触达年轻用户，实现品牌破圈。

清风虚拟发布会的成功离不开其策划的营销方案。清风借助虚拟空间构建了符合品牌清新调性的虚拟场景，给予用户震撼的视觉体验和多样的交互方式，全面传递了品牌理念。线上发布会筹备时间短、不受地域局限、传播性广、可容纳用户多等优点，使得其成为品牌未来营销的新选择。

依托于Web 3.0的虚拟空间的巨大价值逐渐显露出来，越来越多的品牌尝试将营销活动搬到线上。未来，虚拟空间将成为品牌开展营销活动的重要阵地之一，实现科技与品牌营销真正结合，开创营销新时代。

第 **6** 章

品牌营销革新：
Web 3.0下的营销新方式

Web 3.0的到来意味着全新的营销时代已经来临。在新时代下，品牌需要对自己的营销方式进行全面革新，如营销理论革新、营销方式创新、运用虚拟数字人进行营销、借助NFT进行营销等。

6.1 Web 3.0下的营销理论

随着技术的发展，品牌想要实现更有影响力的营销，不仅要自身发力，还要为用户提供参与机会，联合用户实现内容共创。因此，品牌需要以给用户提供沉浸式的价值创造与价值交换为营销目标，努力增强营销活动的互动性，带给用户高度沉浸感。

6.1.1 营销目标：沉浸式的价值创造和价值交换

品牌营销是通过对产品进行价值创造满足用户需求，用户购买产品完成价值交换的过程。在Web 3.0时代，品牌不再依赖于线下传播或线上的海报宣传，而是借助科技将营销目标定为沉浸式营销，即品牌为用户构建虚拟空间体验场，使用户可以借助虚拟化身参与品牌线上营销活动，用户在获得良好体验的同时传播品牌理念或产生消费行为，形成价值交换。

例如，为了开拓市场、挖掘潜在用户，美妆品牌雅芳研发了一款AR滤镜。用户通过使用AR滤镜，可以化身与节目嘉宾相似的虚拟形象，在游戏里畅玩。用户通过玩游戏可以获得积分，而积分可以换取雅芳的多款产品。这种虚实结合的营销方式激发了用户的参与动力，用户在获得游戏趣味的同时也对雅芳的产品有了一定的了解，成功将品牌营销与潜在用户开发联系在一起。

雅芳的沉浸式营销活动获得了超出预期的效果，超过20万名用户使用AR滤镜，品牌挖掘了约4000名潜在用户，而且该活动也在社交媒体上引起了热烈讨论。品牌为用户提供了沉浸感强的娱乐活动和产品体验，用户在获得良好体验后为品牌进行宣传或进行消费，形成了良好的商业闭环。

汽车行业中的很多企业针对看车、试车环节创设了沉浸式虚拟消费场景，将营销目标转变为用户在线体验产品，实现沉浸式价值创造和价值交换。例如，宝马集团推出了《宝马iFACTORY体验之旅》的游戏。在这款游戏里，用户可以以3D虚拟化身体验宝马集团先进的汽车制造工艺，了解一辆宝马汽车是如何诞生的。

用户扫描二维码或者通过MY BMW App即可进入游戏。对于用户来说，这是一个能"亲自"参与宝马汽车生产、了解汽车制造流程的机会。在半小时的试玩时间里，用户可以在不同区域参与9个互动任务，熟悉制造过程的重要节点。比如，用户可以在交流中心与其他用户交流，在装配车间了解汽车装配流程。随着游戏的不断更新，游戏内容将更加丰富。宝马集团也会增加更多盈利元素，如在虚拟世界订购汽车等。

《宝马iFACTORY体验之旅》游戏的产生并非偶然，在品牌抢夺虚拟市场的同时，宝马集团将目标对准了游戏。借助游戏，宝马集团完成了一次沉浸式营销，使用户加深了对品牌的了解，获得了众多用户的好评。

品牌为年轻用户提供了更多差异空间，使得年轻用户感受到了品牌力量。Web 3.0时代是一个价值共创的时代，年轻用户会在体验后给予品牌反馈，二者实现价值交换，形成商业闭环。

∧ 6.1.2　营销体验三大要素：互动性＋实时性＋沉浸感

为了抓住年轻用户的消费心理，品牌专注于策划丰富的营销活动，来实现品牌产品曝光和销售转化。品牌给用户提供的营销体验的好坏主要从以下3个方面衡量：互动性、实时性、沉浸感。

Web 3.0作为互联网发展的下一阶段，具有广阔的发展前景。Web 3.0时代的技术使得品牌活动更具互动性。例如，2022年ChinaJoy线上展（CJ Plus）在MetaJoy虚拟空间中举办。ChinaJoy作为娱乐领域最具影响力的年度盛会之一，在线上举办无疑是一次大胆的尝试。

ChinaJoy主办方王奕表示，CJ Plus是MetaJoy虚拟空间的重要活动之一，也是Web 3.0时代品牌实现线下线上融合发展的重要尝试。往年的ChinaJoy线上展是线下展会直播的形式，对于用户来说仅仅是单向输出。而此次的ChinaJoy线上展会则注重增强平台互动性，提升用户的参与感。

CJ Plus搭建了多个虚拟场景，包括"核心场景""Live House""媒体小镇"等模块，供用户观赏、参与。虚拟场景结合了众多互动玩法，提升用户的参与度，例如，结合传统的电商直播、互动小游戏等。MetaJoy中还会定期举办明星见面会，用户可以与明星连线，进行直播互动。此外，演唱会、舞蹈直播也采用虚实结合的方式，让更多用户获得更加沉浸的体验。借助人工智能、数字孪生等多种技术，MetaJoy尽力为用户打造一个互动性很高的虚拟世界。

2022年以来，汽车行业中的很多企业都在虚拟空间中开展营销活动。例如，奔驰在线上召开了虚拟发布会，给予用户实时性和沉浸感的体验。在虚拟发布会上，奔驰用一段14分钟的短片展现了自己的发展历程，传递了品牌理念，同时公布了品牌未来的研习官——虚拟数字人Mercedes。虚拟数字人和虚拟空间结合的方式，使得用户获得了沉浸式体验，进一步感知了品牌特色。发布会的观看人数总计35.3万人，点赞数高达71.8万，刷新了汽车行业发布会直播的新纪录。

Web 3.0时代的到来，催生了许多新的营销玩法。依托于Web 3.0时代的各种技术而出现的虚拟空间，为品牌营销带来了许多变革。想要在虚拟空间中进行营销，品牌就应聚焦用户的体验感，以给用户带来互动性、实时性、沉浸感的营销体验为目标，实现营销效果最大化。

∧ 6.1.3 营销商品拓展：提供虚拟商品＋提供沉浸体验

品牌不仅可以在虚拟空间中进行营销，也可以进行营销商品拓展。

品牌可以利用虚拟空间销售商品，给用户提供沉浸式体验和多元化的消费方式。

虚拟空间的流行使得虚拟商品应运而生。全球第一件虚拟服装"彩虹"诞生时曾引起了轰动，最终在拍卖会上以9500美元成交。这并不是一件真实的衣服，而是用特效合成的虚拟服装，与其说它是一件服装，不如说是一个看起来很真实的服装滤镜。为什么这样的商品会获得人们的青睐？因为人们愿意为了体验虚拟消费品而买单。而且，虽然人们不能真的将这种虚拟服装穿在身上，但是可以将自己身"穿"虚拟服装的照片发布在社交平台中，这赋予了虚拟消费品社交价值。

在虚拟空间中，用户可以拥有虚拟房产，沉浸式住宅成为现实。品牌在虚拟空间购买虚拟土地后，就拥有了虚拟土地的所有权，可以在上面建造房屋、展示自己的商品、开展商业活动等。例如，Metaverse Group是一家虚拟房地产企业，其为用户提供虚拟房产交易服务，并提供一整套虚拟空间支持服务。

Metaverse Group的虚拟土地位于Decentraland时尚街区的中心，其计划将这里打造成为繁华的虚拟商业中心。Metaverse Group正在建造一栋18层的摩天大楼，计划将其租给律师或其他交易所。

Metaverse Group的业务之一是出租空地，不同的位置对应不同的价格。用户可以通过Metaverse Group购买、租用虚拟空地，沉浸式体验在虚拟空间居住的感觉。同时，Metaverse Group拥有优秀的3D架构师，可以为用户创造独特的沉浸式体验和在现实世界中无法实现的互动空间。

许多品牌在线下已尝试利用VR技术为用户带来虚实共生的体验。例如，迪士尼乐园通过互联网和物联网将主题乐园与游客的手机等电子设备建立联系，采用可穿戴式XR设备，为游客营造出一种虚实共生的融合体验。迪士尼邮轮的经典剧目《冰雪奇缘》是迪士尼早期探索数字技术与实体节目相结合的成绩之一。它将传统的剧院技术与运动追踪视频图形相结合，创造出了"阿伦黛尔"这一奇异的冰雪世界，为游客带来了沉浸式的视听盛宴。

位于佛罗里达奥兰多沃尔特迪士尼度假区的"星球大战：银河星际巡航舰"体验项目无疑是迪士尼探索沉浸式体验的代表。它复制了《星球大战》中的战舰内部场景，为游客提供可穿戴式VR设备。游客可以在虚拟空间中完成在现实世界不可能完成的事情，如驾驶飞船、探索外太空等。为了增强互动性，迪士尼还会为体验角色的游客提供食物，当虚拟空间中的角色品尝美食时，现实世界中的游客同样可以品尝盛宴。此外，游客还会获得个性化定制服务，探索《星球大战》冒险旅程之外的场景。

佛罗里达州的迪士尼动物王国则一直探索为游客提供观察野生动物的新方式。他们计划将雷达技术与隐藏式摄像监视器和无人驾驶飞机的镜头相结合，将采集到的野生动物图像、视频在虚拟空间进行相关加工，让游客通过AR设备近距离直接观察野生动物。相信在不远的将来，迪士尼能够在沉浸式主题乐园领域取得更好的成绩，为全球游客带来更丰富的沉浸式体验。

6.2　营销方式创新：虚拟技术与品牌营销融合

品牌想要抢占Web 3.0时代的市场，不仅要制定合理的营销目标，还要结合最新的科学技术，实现虚拟技术与品牌营销的融合，做到科技赋能营销方式创新。

6.2.1　AR：将虚拟营销场景引入现实

AR是一种能够利用计算机生成的逼真的视觉、听觉等感觉营造一个沉浸的虚拟环境的技术，人们能够在其中自由交互。AR能够为品牌虚拟营销提供技术支持，将虚拟营销场景引入现实。

虚拟空间的沉浸式体验让很多品牌打破了在营销方面的惯性，如今这些品牌纷纷依托于先进的互联网技术，将品牌的营销方式变革作为切入点，重新定义了行业规则。例如，在第72届佛罗伦萨男装展上，品牌迪赛举办了一场虚拟空间时装秀，试图用突破性的表演打造一场虚实结合营销活动。工作人员先将预制的3D动画投射在一块特殊玻璃上，营造浪漫气氛，在模特走秀的同时，再将以海洋生物为背景的3D动画转为虚拟模特，与真实的模特一起走秀，展示模特身上的服装。借助AR、3D全息投影等技术，展示舞台不仅有瑰丽的背景，台下的观众还可以与模特进行亲密互动。这场虚拟场景与现实营销活动相结合的时装秀让观众耳目一新。

除了迪赛外，其他品牌也在积极引入虚拟技术。例如，沃尔玛计划大规模推出AR试穿功能，将虚拟营销场景引入现实，为用户带来更好的体验。2022年7月，沃尔玛推出了家居用品AR可视化功能。用户可以将沃尔玛的家具产品通过AR可视化功能放置于自己家中，查看是否合适。2022年9月，沃尔玛在其App中推出了AR服装试穿功能。用户需要先拍一张照片，再将照片上传到App上，然后通过图片处理工具将虚拟的衣服叠加在自己身上，查看服装上身效果。需要注意的是，用户在上传照片时需要设定自己的身高、体重等数据，以方便对比不同尺码的衣物的上身效果。

在这些品牌的推动下，一场营销方式的变革正在悄悄发生。虚拟技术从改变营销方式开始，进而重构整个营销体系。品牌通过虚拟技术赢得人们的支持认可，再进一步扩充营销边界，获得更好发展。

6.2.2　VR：将真实营销场景搬进虚拟世界

随着VR技术的发展，越来越多的品牌尝试将VR技术应用于营销场景，VR营销成为很多品牌青睐的营销方式。VR营销可以带给用户沉浸式体验，将真实场景搬进虚拟世界，使得用户与品牌的联系更加紧密，打造营销记忆点并提高营销转化率。自VR营销爆发以来，其市场规模逐步扩大。

VR作为当前的新兴事物，还没有完全普及，对于喜欢追求新事物的年轻人而言更具吸引力。其能够抓住用户的猎奇心理，让用户以体验新事物的心态看广告，提高用户对于广告的接受程度。

和传统的营销方式相比，VR营销更具灵活性。其能够让用户在沉浸式场景中自由探索，提高用户的参与感。此外，沉浸式场景能够展示出更详尽的内容。例如，在VR看车的过程中，用户不仅可以720°旋转车身，还可以切换场景、更换颜色等，了解汽车更多信息。

VR营销对各行各业都十分有利，很多行业进行了VR营销方面的实践，如下图所示。

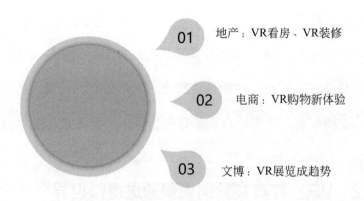

各行业的VR营销实践

1.地产：VR看房、VR装修

当前，VR看房已经成为很多房地产服务平台中的核心功能。链家、贝壳等平台纷纷上线了VR看房功能，该功能有利于打破时间和空间的界限，向用户展示更真实、全面的场景。凭借VR看房功能，用户不仅能够了解房屋的户型、朝向、长宽等信息，还可以在3D空间中感受逼真的室内实景，自由进行沉浸式漫游。

VR装修在当前也十分普遍。借助VR技术，在虚拟样板间内，用户可以提出自己的设计方案，挑选自己喜欢的产品，自己动手装饰房间。这种方式不仅具有很强的趣味性，还能让用户更直观地了解产品特征、产品信息等，并明确自己想要的装修效果。

2.电商：VR购物新体验

VR购物是近年来新兴的一种购物方式，在手机上，用户不仅可以360°查看商场全貌，还可以进入商场中，自由浏览、购物。广州K11购物中心就上线了VR购物功能，通过VR技术呈现了商户橱窗、商品陈列等。用户通过小程序进入VR探店页面后，可以360°浏览商场全貌，进入商场后可以自由探店、浏览商店中的各种商品。如果想要购买某件商品，用户只需要一键呼叫就可以与店员进行一对一的沟通并购买商品。

3.文博：VR展览成趋势

在文博领域，VR与展览的结合使用户足不出户就可以欣赏到博物馆中的精美艺术品。2020年5月，由中国博物馆协会等单位主办的文创节上线。在活动中，借助VR技术，一个个精美文物"走出"玻璃柜来到用户面前，用户不仅可以近距离欣赏，甚至可以"触摸"。此外，在此次VR展览中，用户不仅可以获得身临其境的观赏体验，还可以聆听专家的讲解，在沉浸氛围中了解文物背后的动人故事。

VR技术能够将真实营销场景搬进虚拟世界，吸引用户的注意力，使得用户沉浸其中，获得良好的体验。未来，VR技术将应用在更多营销场景中，为品牌数字营销矩阵的搭建提供助力。

︿6.2.3　3D全息投影：真实的沉浸式营销体验

3D全息投影作为近几年兴起的投影技术，常被用于品牌发布会等活动。3D全息投影与传统的2D投影简单将图像投射到平面幕布上不同，其利用光的干涉原理记录下物体的3D立体图像，再通过光的衍射原理将其立体影像投射到空间中，产生独特的视觉效果，给予观众沉浸式营销体验。

与传统的3D投影技术相比，3D全息投影技术主要具有以下几个方面的优势。

（1）观众无须佩戴相关设备即可用肉眼直接观察到虚拟人物或物体的立体影像。

（2）传统3D投影的效果很大程度上受声光电技术的影响，而3D全息投影技术不会受到传统技术的限制。

（3）3D全息投影的影像立体感很强，能够让观众全方位观赏，并且投射出的影像画质清晰、色彩鲜艳，具有很强的感染力。

（4）3D全息投影没有空间限制，即使在狭小的空间也能够实现多角度的立体投影。

3D全息投影技术是虚拟世界与现实世界加速融合的助推剂，也是实现虚拟空间加快落地的重要技术之一。3D全息投影技术能够打破现实世界与虚拟世界的时间、空间隔阂，推动现实世界虚拟化发展进程。

目前，已有很多行业采用3D全息投影技术开展营销活动。例如，上海慕思床垫运用3D全息投影技术24小时全天候展示线下门店。用户可以随时随地在线上参观门店，全面了解线下门店的环境、产品陈列、开展的活动等。3DVR全景实物产品和门店环境的逼真化再现，有效地优化了用户的线上购买体验，有利于提高门店的销量。

如今，3D全息投影技术已经被品牌应用在了多个营销场景中。品牌借助3D全息投影技术进行营销，将真实画面呈现在用户眼前，使用户身临其境。未来，随着各方面技术的成熟，3D全息投影将有更广阔的市场空间。

6.2.4 BUD×VETRESKA：虚拟世界开拓品牌营销新阵地

2022年8月，国内新锐宠物生活方式品牌VETRESKA宣布正式与

BUD展开合作。VETRESKA将入驻BUD平台，推出每日限定玩法与话题活动。VETRESKA与BUD的合作，将为用户带来沉浸式体验，在虚拟世界中打造品牌营销新阵地。

BUD是一个虚拟社交平台，也是一个UGC平台，能够为用户提供无门槛的3D创作系统。每一位用户都可以利用该系统创作个性化内容，并与其他用户交流。BUD成为年轻用户进行虚拟社交的新选择。

VETRESKA是一家创立于2017年的宠物生活方式品牌，致力于研发新奇、可爱的宠物用品。自品牌创建以来，VETRESKA先后打造了无土猫草、草莓熊猫窝、樱桃猫爬架等优质产品，为顾客的宠物带来愉悦、舒适的体验。

VETRESKA与BUD的合作，既是一次品牌商业路径的新探索，也意味着虚拟世界即将成为品牌营销新阵地。此次双方的合作主要从两个方面展开：建立品牌数字资产与推出创意玩法。

在建立品牌数字资产方面，VETRESKA首先在虚拟空间注册品牌官方账号，将其作为在BUD平台营销的核心阵地。VETRESKA可以在品牌官方账号中建立品牌专属地图、发布每日限定玩法、制作品牌素材等，吸引年轻用户参与活动，与用户建立联系。

建立品牌专属地图是VETRESKA的实体资产转变为数字资产的重要方式。VETRESKA可以使用BUD平台的内容编辑系统，经过简单的操作便能搭建、更新自己的品牌专属地图VETRESKALAND，并在地图中加入品牌专属元素，如仙人掌、西瓜等。用户在游览地图时，可以发现这些独特的元素，并从中感知品牌想要传递的理念。

BDU平台针对此次合作推出了每日限定玩法与话题活动。每日限定玩法指的是BUD平台在VETRESKA品牌专属地图VETRESKALAND中发布美食盛宴、烟火晚会、沙漠冒险3大限定玩法。在沙漠冒险中，用户需要躲避仙人掌化身的移动机关到达终点。用户可以在游戏过程中尽情探索品牌专属地图VETRESKALAND，这样可以增强用户对品牌的了解，吸引用户的兴趣，使品牌获得出色的营销效果。

话题活动则包括VETRESKA定制话题、双方活动宣传等。话题活动进一步加强了品牌与用户的沟通，使得品牌能够倾听用户的想法，推出更多有趣的活动。

与传统市场营销相比，在虚拟世界中营销更强调用户的沉浸式体验。无论是品牌专属地图的打造，还是3D互动表情的定制，都旨在提升活动趣味性，打破现实世界与虚拟世界的界限。BUD平台与VETRESKA的合作，开拓了品牌营销新阵地，实现了营销破圈。未来，虚拟世界将成为品牌营销的主要阵地。

6.3 虚拟数字人营销：打通多元营销路径

Web 3.0为品牌带来了更多的营销空间，品牌纷纷将广告从现实世界迁移到虚拟世界，创造了许多虚拟世界的专属营销玩法，如虚拟数字人营销。对于品牌来说，虚拟数字人能够为用户提供新鲜感，也能够拉近与用户的距离，打通多元营销路径。

6.3.1　邀请虚拟偶像代言，激发年轻用户购物热情

在Web 3.0时代，虚拟数字人是虚拟世界的原住民。虚拟偶像是虚拟数字人的一种特殊形式，能够有效地助力品牌营销。品牌借助虚拟偶像进行代言，能够实现营销创新，以科技感、新奇感触达更多年轻用户，激发年轻用户的购物热情。

例如，2021年5月20日，虚拟偶像AYAYI第一次登陆小红书，与广大用户见面。其面容介于真人与AI之间，引起了用户极大的好奇心。AYAYI一经亮相便在小红书上掀起了一股讨论热潮。

AYAYI的超高热度使她受到了各大美妆品牌的热烈欢迎。娇兰、LV纷纷对其发出邀请，希望AYAYI能够参加品牌的线下活动。而其团队对发出邀请的品牌仔细挑选，从内容、调性等方面选择适合AYAYI的品牌，希望能够加强AYAYI与现实世界的联系。

2021年6月15日、16日，AYAYI参与了法国娇兰的线下打卡活动。随后，许多KOL也追随AYAYI的脚步前来打卡，并将照片发布在多个平台上，掀起了不小的热度。AYAYI作为虚拟偶像在年轻群体中的号召度可见一斑。

虚拟偶像结合了传统明星偶像和二次元动画人物代言人的优点，既

有着强大的粉丝流量，又能够保证代言人自身的稳定性。

首先，虚拟偶像与品牌有着更高的配合度，能有效避免人设崩塌、网络丑闻等风险。其次，虚拟偶像可以打破原有的商业边界，不受时间、地点等客观因素的限制，可以极大满足用户的想象。最后，虚拟偶像能更高效地生产内容，降低内容生产成本。可以说，虚拟偶像为品牌营销提供了更多想象空间，丰富了品牌营销的方式，优化了品牌营销效果。

品牌营销与虚拟偶像的结合还为品牌提供了一个重塑自己的机会。品牌可以趁机发展虚拟产业，并发挥虚拟偶像天然的优势，让他们代言虚拟产品，以此实现虚拟世界和现实世界的联动宣传。

品牌想要打入年轻用户市场，可以选择虚拟偶像作为代言人，激发年轻用户的购物热情。品牌只有不断跟随年轻用户的脚步，满足年轻用户日益增长的需求，才能激起用户的购买欲望，为品牌销量增长助力。

︿6.3.2　打造虚拟主播，实现"真人＋虚拟"全天候直播

在电商直播火热的当下，品牌方大多选择直播带货这一形式来增加自身品牌的流量与曝光度。头部主播、明星也纷纷走入直播间，你方唱罢我登场。但在这种情况下，千篇一律的直播内容难以给予用户新鲜感，真人主播也难以进行高强度的直播，因此，许多品牌选择了虚拟主播。"真人主播＋虚拟主播"全天候直播，既能够吸引用户，又能够增加

直播时长，抢夺流量。

例如，2020年5月1日，淘宝直播间被二次元粉丝的弹幕刷屏。知名虚拟偶像洛天依来到淘宝直播间，作为虚拟主播推销美的、欧舒丹等品牌产品，引发了众多用户的关注。整个直播过程中，直播间在线观看人数一度突破270万，约200万人进行了打赏互动。

为什么洛天依直播带货能够引发众人关注？在二次元世界，洛天依是当之无愧的明星。这位灰发、绿瞳、腰间系着中国结的虚拟偶像由上海禾念推出，一经问世就获得了大批粉丝的喜爱。在B站控股上海禾念后，洛天依成为B站的"当家花旦"，举办了多场全息演唱会，参加了多家电视台的活动，影响力不断提升。

随着洛天依的出圈，其商业价值愈加凸显，不仅演唱会门票分秒售罄，产品代言和直播带货的能力也不容小觑。正因如此，洛天依开始走进品牌带货的直播间，以自己的影响力促进产品销售。

除了洛天依外，当前越来越多的虚拟主播开始走进电商直播间。知名动画IP"我是不白吃""一禅小和尚"等都开始了直播带货，通过"真人+虚拟IP"的方式引爆销量。这些虚拟主播的带货能力不输真人明星，丰富了电商直播的内容，开启了直播带货的新模式。

除了虚拟偶像、虚拟IP等与品牌合作进行直播带货外，一些品牌也开始孵化自家虚拟主播，通过"真人主播+虚拟主播"的方式进行全天候不间断直播。例如，自然堂推出虚拟主播"堂小美"。她不仅可以专业、流畅地介绍不同产品的信息，还可以自然地和用户互动，如和刚进直播间的用户打招呼、根据用户评论的关键字做出相应的答复等。此外，在介绍产品的过程中，"堂小美"还会提醒用户使用优惠券、购物津贴等，十分贴心。

电商直播没有白天和夜晚的时间限制，在不同的时间段都可能有用户进入直播间。为了提高用户的购物体验，很多品牌都引入了虚拟主播，开启了"真人主播+虚拟主播"的双主播模式。

虚拟主播作为真人主播的补充，为用户带来了新鲜感，增强了直播的科技感，同时也能够填补空白的直播时间。这样无论用户何时进入直播间，都有主播在线为其服务。未来，虚拟主播的营销功能将越来越丰富，能够给用户提供更为贴心的服务，促进品牌营销革新。

⌄ 6.3.3　虚拟主播+虚拟场景：打造虚拟发布会

在虚拟技术不断升级的背景下，很多品牌开始使用"虚拟主播+虚拟场景"打造虚拟发布会。虚拟发布会可以使用户在现实世界与虚拟世界之间来回穿梭，增强用户的沉浸感，为用户带来新的体验。这种举办发布会的形式也能为品牌营销带来新机遇。

例如，2022年6月，酿酒品牌厚工坊召开了"2022年厚工坊品牌战略升级暨新陈酿系列发布会"。此次虚拟发布会以"让优质酱酒走进生活"为主题，打破了空间与地域的限制。

厚工坊采取创新、有趣的传播方式，打造了一场极具科技感的视觉盛宴。与此同时，厚工坊引入VR、AR等虚拟技术，搭建了一个虚拟场景，让人们享受到沉浸式的直播体验。在虚拟发布会上，虚拟数字品鉴官"厚今朝"以国风少女般的打扮惊艳亮相，虽然她的出场时间并不长，但很好地串联起了整个流程，与嘉宾之间的互动对话也是可圈可点。

新浪、网易、腾讯、南方周末等主流媒体，以及厚工坊官方平台都直播了此次虚拟发布会，观看人数高达115万。此次虚拟发布会极具创造性和创新性，例如，将场地搬到虚拟空间、厚今朝作为虚拟主持人与嘉宾互动等，可谓开启了跨次元的奇妙之旅。

除了厚工坊以外，奇瑞也召开了虚拟发布会，用极具颠覆性的虚拟场景传达产品理念。在虚拟发布会现场，奇瑞跨次元车型OMODA 5正式亮相，奇瑞虚拟推荐官也空降现场，向用户展示OMODA 5的应用场景，让人们身临其境般地感受到OMODA 5的舒适驾驶体验。

通过厚工坊和奇瑞的案例我们不难看出，多场景无缝转换、科技感十足、给用户带来沉浸式体验的虚拟发布会具有很大的营销价值，受到很多品牌的欢迎。对于品牌来说，虚拟发布会不仅可以为品牌形象赋能，推动品牌形象进一步升级，还可以借助先进技术对产品进行全方位展示，让人们获得沉浸式体验，从而吸引更多用户关注。

总之，虚拟数字人兴起并发展，为品牌营销打开了一扇新的窗口。虚拟发布会打破了空间与地域的限制，给人们一种全新的视听感受，为品牌开创了营销新局面，打通了多元营销路径。

6.4 NFT营销：借NFT打通虚实连接通道

当前，NFT的火热让品牌看到了新的营销机会。许多品牌开始挖掘自身内容，借助NFT进行营销，从而打通虚实连接的通道，促进内容创新和破圈营销。品牌借助NFT进行营销的方式主要有推出品牌专属数字藏品、实体产品与NFT打包销售、将NFT变成实体产品兑换券等。

6.4.1 联动产品，推出品牌专属数字藏品

Web 3.0时代下的年轻用户热爱新奇事物，追求与众不同，在选购商品上也有独一无二的见解。一些品牌根据年轻用户的特征，联动产品推出了品牌专属数字藏品。每一个数字藏品都具有唯一性，牢牢抓住了年轻用户追求独特性的心理。

例如，安慕希在2021年推出了全球首款"数字酸奶"，率先解锁了发布品牌专属数字藏品的品牌营销新玩法。首先，安慕希抓住了虚拟数字人这一新风口，与天猫超级品牌日的数字主理人AYAYI进行了一次跨次元合作，推出了一款根据用户大数据反馈定制而成的数字酸奶，宣称这款酸奶能够更懂用户所需。此款产品一经推出，便迅速引爆了各大网络平台，很多年轻消费者都表示这款产品看起来很神秘，引起了他们对安慕希这个品牌的兴趣。

其次，安慕希推出了"反诈数字酸奶"这一新产品，并进行了一场别开生面的反诈宣传。安慕希先是推出了《调虎离山》《雁过拔毛》《猴子捞月》3个反诈宣传动画小短片，然后为了配合此次宣传，安慕希推出了限量2万份的数字藏品酸奶。消费者可以通过安慕希的公众号后台领取。这是首款反诈骗主题酸奶，每一款瓶身都有其对应的反诈标语，同时还有对应的编号，这些编号是反诈酸奶上链的证明，有效保证了藏品的真实性与唯一性。

在此次营销活动中，安慕希不仅抓住了时事热点，还重点关注了年轻消费者所担心的虚拟世界中的隐私、财产安全问题，迅速引发了年轻消费者的热议，同时又树立起一个具有高度责任感的品牌形象，可谓一举多得。

推出品牌专属数字藏品是传递品牌价值的一种方式。随着数字藏品的盛行，越来越多的品牌开始专注挖掘自身价值，不断推动自身文化与现代科技的融合，推出更有价值的藏品吸引消费者。

6.4.2　实体产品与NFT打包销售，激发购物热情

随着NFT数字藏品的爆火，越来越多品牌开始关注NFT营销。因为传统的营销方式很难激起用户的新鲜感，所以品牌开始探索营销新途径，借助NFT的热度与实体产品打包销售，激发用户的购物热情。

品牌借助NFT的强大影响力，可以实现产品破圈。例如，2022年2月28日，江小白和天猫开展了一场销售数字藏品的活动。江小白在自己原有IP的基础上推出了两款虚拟形象："蓝彪彪"和"红蹦蹦"。两款数字藏品分别附赠40°和52°的江小白特别版白酒，每款限量1000份。江小白根据自身的特点，将蓝彪彪和红蹦蹦设定为"回蓝战士"与"热血战士"，配以科技感十足的画面，吸引了许多用户。该活动仅上线3分钟，数字藏品便销售一空，显示出了超高人气。

这场NFT数字藏品销售活动，创下了江小白销售转化率的历史新高，单日销售额、单日访问量也远超日常。NFT数字藏品具有唯一性，满足当下年轻用户追求独一无二的心理。许多年轻用户在购买实体产品时获得NFT数字藏品，可以获得满足感。江小白采用实体产品与NFT数字藏品打包销售的营销方式，正是抓住了年轻用户的好奇心理，激发了他们的购买欲望。

"实体产品+NFT数字藏品"的营销模式是对产品的再赋能。NFT数字藏品有效拓宽了产品的价值维度，产品不再局限于现实世界中，也存在于数字世界中，不会轻易消失。未来，越来越多的品牌将会加入NFT数字藏品营销的行列中，在产品与数字世界之间搭建一座稳固的桥梁。

6.4.3　NFT成为实体产品兑换券，借势营销产品

当传统营销手段已经难以打动用户的时候，许多品牌开始选择NFT

数字藏品来增加品牌热度。品牌将NFT数字藏品作为一个载体，通过NFT赋予用户品牌权益。用户可以将NFT数字藏品看作实体产品兑换券，通过拥有NFT数字藏品享受品牌权益。

例如，2021年12月，为了庆祝品牌成立80周年，时尚鞋包品牌COACH推出首个NFT数字藏品系列。该系列数字藏品包含8个角色，均出自COACH推出的《雪城》小游戏，总计80个数字藏品。拥有NFT数字藏品的用户可将其兑换成实体Rogue包，不愿意兑换的用户则可以将NFT数字藏品以几千美元的价格转卖给他人。

2022年6月，COACH发布了第二个NFT数字藏品系列——Coach x Shxpir NFT。COACH本次发行NFT数字藏品是为了增加会员数量，因此COACH规定Coach Insider会员可以优先领取Coach x Shxpir NFT。用户为了获得Coach x Shxpir NFT，纷纷注册会员。Coach x Shxpir NFT在几分钟内被抢购一空，COACH也完成了拓展会员的目标。

酒类品牌也相继推出NFT。例如，2022年1月，高端龙舌兰酒品牌Patrón推出了其首款NFT。每个NFT都可兑换一瓶独家龙舌兰实体酒，总计150瓶。每位购买NFT的用户随时可以兑换相应的龙舌兰酒。这种NFT数字藏品的发售方式适用于一切具有高产品价值的品牌，通过这种方式，可以吸引更多用户。

NFT的营销玩法有很多，品牌可以根据自身的情况选择相应的营销玩法，开创新的营销渠道，吸引年轻用户，在为用户带来新奇体验的同时，促进品牌热度的提升。

6.4.4 多品牌联动BAYC，打造无聊猿NFT

说起市场上最火的NFT，BAYC必然是其中之一。BAYC创建于2021年4月，由1万个猿猴NFT组成，每只猿猴都由算法随机生成，形态各异，独一无二。

无聊猿游艇俱乐部中独一无二的猿猴贴合了当代年轻用户彰显个性的要求，迅速走红。许多大牌纷纷联动无聊猿NFT，利用无聊猿NFT的热度实现破圈营销。

例如，2022年4月，李宁宣布以编号4102的无聊猿NFT形象为蓝本，推出中国李宁无聊猿潮流运动俱乐部系列服装。服装融合了像素风、街头风等时尚元素，尽显潮流。同时，李宁还在线下推出了潮流快闪店，由编号4102的无聊猿作为主理猿。与传统的合作营销不同，李宁购买了编号4102的无聊猿NFT，并以此为基础进行了服装设计与活动策划，是一条新颖的品牌营销之路。

BAYC不仅辐射体育用品产业，还辐射地产行业。2022年4月，深耕于地产行业的绿地集团宣布将推出其NFT形象——编号8302的无聊猿。作为绿地集团的数字化战略之一，编号8302的无聊猿大有深意。根据绿地集团介绍，"8"表示谐音"把"，"30"则意味着绿地集团已经成立30年，"2"代表这是绿地集团第二次创业的起点。绿地集团希望以此作为其打造综合社交地G-World的第一步，使用户获得综合性服务。

为了拉动营收，许多品牌选择与无聊猿NFT联动。例如，智能按摩品牌"倍轻松"选择购入编号为1365的无聊猿NFT，并让其担任"118早睡健康官"。倍轻松一直秉承着"重营销，轻研发"的经营理念，且2021年第四季度营收增速下滑，因此，不难看出倍轻松渴望借助无聊猿NFT刺激消费，挖掘新的业绩增长点。

此外，酒类品牌"酒次元"、饮料品牌"一整根"、国潮品牌"东来也"等纷纷与无聊猿NFT联名，期望借助无聊猿NFT的热度实现破圈营销。

BAYC作为火爆的NFT项目之一，为品牌提供了打入年轻用户内部的机会，使品牌与年轻用户产生联系，从而促进品牌发展。可以预见的是，未来将会有更多品牌与无聊猿联名，无聊猿可能会给品牌、用户带来更大的惊喜。

第 **7** 章

品牌迭代路径拓展：
Web 3.0 成为品牌破局点

每个品牌都存在生命周期，想要获得持续发展，持续满足不断变化的用户诉求，品牌就需要不断迭代。当前，Web 2.0时代已经接近尾声，Web 3.0时代成为品牌破局的关键点。品牌需要抓住Web 3.0时代的发展机遇，持续发力，探索无限可能。

7.1　品牌迭代的意义

品牌迭代决定了企业的未来。品牌只有不断升级、更新，才能够留存老用户、持续吸引新用户。品牌迭代主要有3个意义：一是建立新的品牌共识，持续吸引新一代用户；二是打造全新产品，持续引爆用户消费；三是以全新手段实现广泛传播，持续维护品牌声量。

∧ 7.1.1　建立新的品牌共识，持续吸引新一代用户

时代的快速发展与用户消费需求的改变，使得品牌迭代成为必然的趋势。品牌迭代并不是一件轻松的事情，而是品牌成长中的一个重要课题。品牌迭代主要包含两方面：一方面是产品升级；另一方面是用户升级。

产品升级指的是品牌为了满足市场需求不断推出全新产品。但是品牌很难左右用户的抉择，产品升级不代表品牌能获得更多用户，也有可

能因为产品升级而损失用户。

用户升级需要改变用户之前对品牌形成的认知，建立新的认知，即建立新的品牌共识。品牌想要实现用户升级，需要思考升级的原因、升级将要达成的目标以及升级方法。品牌升级是为了提升自身的价值，获得用户认可。一款产品之所以能成为奢侈品，是因为用户认可它的价值，达成品牌共识。用户升级的目标是建立新的品牌共识，持续吸引用户。用户升级的方法是用新的品牌共识取代旧的品牌共识。

如何使品牌共识在新旧转换期顺利过渡是一门学问，许多品牌都交出了"答卷"。例如，余额宝是支付宝推出的余额增值服务。2020 年，余额宝联合天弘基金发布了《余额宝 90 后攒钱报告》，公布了 90 后用户的攒钱数据。报告显示，大多数 90 后用户有攒钱的习惯，平均 4 天就会攒一笔钱，但平均每笔金额不高于 20 元。该报告表示，余额宝已经变成90 后用户余额的存放地，升级成为攒钱工具。

余额宝发布《余额宝 90 后攒钱报告》就是一次很巧妙的品牌升级，也是重新建立品牌共识的契机。大部分品牌在建立新的品牌共识时往往会卖力宣传，但效果甚微，而余额宝的《余额宝 90 后攒钱报告》则"润物细无声"，在无形中改变产品定位，影响用户，然后用数据表明自身已经成为攒钱工具，顺势转型，便于被用户接纳。

时代变化加快，品牌也要加速蜕变。如果品牌不想淹没在时代发展的洪流中，就要不断迭代。在 Web 3.0 时代，品牌需要思考如何建立新的品牌共识，提升品牌价值，持续吸引年轻用户。

⌃ 7.1.2　打造全新产品，持续引爆用户消费

随着年轻用户逐渐成为消费市场的主力军，消费市场迎来了全新的变化。许多新锐品牌抓住机会成为消费市场中的黑马，也有很多老字号品牌趁势打造新产品。品牌需要不断推陈出新，这样才能持续引爆用户消费。品牌想要把握年轻用户的爱好，打造全新产品，可以参考以下几点。

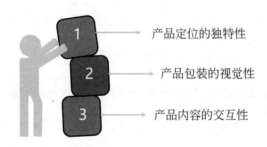

品牌打造全新产品需要注意的要点

1.产品定位的独特性

因为传统赛道过于拥挤，所以许多新锐品牌在崛起过程中，着眼于打造新的品类，抢占细分品类的红利。生活的富足使用户的生活愈发精致，用户不再满足于单一品类的产品，而是希望产品更加多元化。品牌可以根据消费水平、消费场景对用户进行分类，打造出满足不同用户不同需求的产品。

例如，小熊电器针对年轻人开辟了小家电市场。小熊电器坚持精品

战略，将目标对准年轻用户，不仅产品可爱的外表符合年轻用户的审美，产品功能也深得年轻用户喜欢。为了满足当代年轻用户养生的需求，小熊电器推出了品种繁多的养生壶，用户可以根据居家、办公等不同场景选择不同容量的养生壶。在2022年的"双11"活动中，小熊电器取得了不俗的销售成绩，多个品类占据京东、淘宝热销榜榜首。小熊电器将产品定位于服务年轻用户，具有独特性，在年轻用户市场中抢占先机，获得了好成绩。

2.产品包装的视觉性

产品拥有亮眼的包装能够给用户留下良好的第一印象，激发用户的购买欲望。尤其是在产品功能大同小异的情况下，一个吸引用户的包装能够大大增加产品销量。对于新锐品牌来说，包装是最能创造差异的地方，从而获得用户的关注。

例如，元气森林是近几年来火热的品牌之一，大多数用户都会记得它独特的外观设计：以白色为背景，加上一个放大版的"气"字。很多年轻用户都是因为独特的包装而选择购买元气森林的产品，可见产品包装的视觉性是打造全新产品、引爆用户消费的要点之一。

3.产品内容的交互性

产品消费场景和用户使用习惯的改变，使得交互性也成为打造全新产品的关键之一。只有产品和年轻用户产生情感共鸣，走进他们的心里，他们才会主动购买、分享、推荐产品。因此，品牌需要注重产品内容的交互性，与年轻用户互动。

例如，沈大成在产品包装上印刷了有趣的文案与用户互动；喜茶用自己的品牌logo发起话题与年轻用户互动等；百度借助于Web 3.0技术，创造了百度App的AI探索官"度晓晓"，直接与年轻用户对话、交流。

当代年轻用户是在互联网发展过程中成长起来的一代人，普通产品已经很难打动他们，他们热爱新鲜事物、追求独特、渴望情感共鸣。品牌在打造全新产品时，可以将Web 3.0作为破局点，吸引用户的注意力，持续引爆用户消费。

⌃ 7.1.3　以全新手段实现广泛传播，持续维护品牌声量

国内著名营销策划专家叶茂中曾经分享过品牌崛起的4个秘诀，其中两个是持续强势的营销活动和数量可观的传播广告。可见，品牌需要对产品进行广泛传播来持续维护品牌声量。在Web 3.0时代，各种新兴技术蓬勃发展，如人工智能、区块链、VR、AR、云计算等，品牌的传播方式也有了革新。

单个消费场景已经无法吸引更多的用户，实现品牌广泛传播，因此，很多品牌选择在虚拟空间打造多种消费场景，使用户获得身临其境般的沉浸式体验。例如，国誉燕园在百度"希壤"平台举办了国内首个地产项目虚拟发布会。本次虚拟发布会以"安家乐燕，质敬新升代"为

主题，以新型营销方式精准面向北京程序员客群。

这种虚拟发布会的营销方式，使用户获得了沉浸式体验。同时，精准投放的广告也使得国誉燕园的地产项目在目标客群内广泛传播，获得了有效曝光。借助Web 3.0时代的新技术，品牌能够吸引更多用户。

在信息碎片化时代，用户接收的信息众多、来源繁杂，品牌很难通过常规传播手段提高自身影响力。因此，品牌可以改变传播方式，通过发布数字藏品、与虚拟平台合作打造虚拟空间等全新手段，突破传播认知边界，维护品牌声量。

7.2　Web 3.0时代，品牌迭代的路径

面对快速变化的环境与激烈的市场竞争，品牌需要及时调整迭代路径，保证自己不被其他品牌所取代。根据Web 3.0时代的特点和用户需求的变化，品牌可以朝着年轻化、数字化、虚拟化方向迭代。

7.2.1　年轻化迭代：融入多种时尚元素

随着消费市场的繁荣和消费群体的年轻化，一个年轻化的市场逐渐形成。为了满足年轻用户的需求，品牌需要不断迭代，保持自身的活力，吸引更多的年轻用户。Web 3.0的发展为品牌年轻化迭代提供了助

力，品牌可以借助数字藏品、虚拟空间、虚拟人物吸引用户，并融入多种时尚元素，实现年轻化迭代。

例如，Burberry（巴宝莉）为了更加贴近年轻用户的需求，拥抱Web 3.0新时代，在多个领域进行了尝试。在虚拟商品领域，Burberry与Roblox（罗布乐思）的知名设计师Builder Boy展开合作，设计了5款经典Lola萝纳包，表达品牌创新精神。Lola萝纳包的设计灵感来自对自然世界的热爱，以包身精妙的立体纹理和独特的色彩搭配展现其个性的态度和多变的风采。每款Lola萝纳包都为自我表达而生，用户可以通过其展现自己洒脱的生活态度以及忠于自我的独立精神。

此外，每款Lola萝纳包都搭配一个专属表情图标和一个可以用在虚拟形象身上的专属动作。用户购买Lola萝纳包后，可以限时免费使用，使自己的虚拟化身更加生动可爱。

在NFT方面，Burberry以发行虚拟角色NFT的方式增加在数字游戏领域的话语权。Burberry与美国洛杉矶游戏开发公司Mythical Games展开合作，在游戏*Blankos Block Party*（《布兰科斯街区派对》）内发布NFT虚拟角色"Burberry Blanko"。Blanko的灵感来源于动物王国，Burberry选取鲨鱼作为主角，并取名Sharky B。

2022年6月，Burberry再次与Mythical Games展开合作，发行了第二个NFT系列。第二个NFT虚拟角色是一只名为"Minny B"的独角兽，灵感来自动物王国的品牌代码。第二个NFT系列包含Burberry的游戏配件，如扬声器、项链、手机配件等。用户可以将这些游戏配件添加到自己的虚拟配件中。同时，拥有Burberry第一个NFT虚拟形象Sharky B的用户可以免费获得一顶渔夫帽。

此外，Burberry还在游戏中创建了一个虚拟社交空间。该虚拟社交空间是一个名为"绿洲"的美丽度假村，设计灵感来自大自然，以海滩作为设计核心，其中包括Burberry的帆船和太阳椅。用户可以一起在海滩上享受独特的虚拟体验。

Burberry致力于开拓年轻化市场，在虚拟产品、NFT、虚拟空间等方面不断探索并融合多种时尚元素，为用户提供更加新颖的产品。

随着年轻用户成为主要消费人群，抓住年轻用户便是抓住品牌发展的机会，因此许多品牌都积极进行年轻化迭代。这样不仅能够拉近品牌与年轻用户的距离，引导年轻用户关注品牌，还为品牌发展注入了新的活力。

7.2.2　数字化迭代：抓住技术趋势，尝试品牌新实践

随着区块链、人工智能等多项技术的发展，数字化技术逐渐渗透进年轻用户的生活。为了使用户购物更加便捷，许多品牌抓住数字化迭代的大趋势，加快推进品牌数字化进程，进行品牌新实践，为用户带来更多便利。

零售行业动荡激烈，全渠道零售已成为互联网时代的新风口。面对这一趋势，零售巨头沃尔玛积极进行数字化迭代。沃尔玛以数字化为手

段，以业务转型为目的，力求为用户创造更多的购物场景，提升用户的购物体验。具体而言，沃尔玛在数字化迭代方面进行了以下新实践。

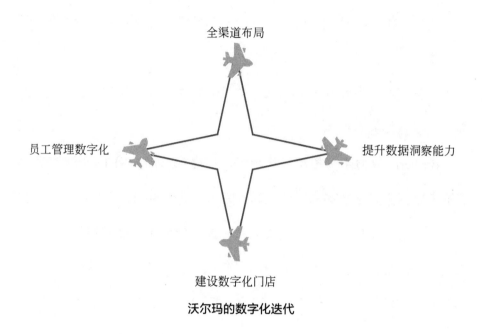

沃尔玛的数字化迭代

1.全渠道布局

沃尔玛以满足用户的购物需求为目的进行全渠道布局，用户在哪，沃尔玛的购物渠道就延伸到哪，以满足用户随时随地购物的需求。用户习惯在多个购物平台上购物，沃尔玛就与京东、腾讯等企业展开战略合作，在多个电商平台积极布局，打通了沃尔玛京东旗舰店、沃尔玛京东到家、沃尔玛小程序等多个线上渠道，同时实现线上线下渠道的连接。

2.提升数据洞察能力

沃尔玛通过线上布局，积累了数千万的数字化用户。这些用户不仅会在线上渠道购买商品，还是沃尔玛线下店铺的忠实客户。

沃尔玛旗下的山姆会员店公布的数据显示，多渠道会员比单一渠道会员购买商品的频次更多、总额更大。在长久、持续的消费行为下，沃尔玛通过大数据算法对用户需求的了解也越来越透彻，数据洞察能力不断提升。在此基础上，沃尔玛能够精准捕捉高消费潜力人群，满足用户的个性化需求，提升用户的购物体验。

3.建设数字化门店

为了提升线下用户的购物体验，沃尔玛投入大量资金将线下门店打造成数字化门店，在其中融入新的视觉元素，优化分区，设置大量的自助收银机。沃尔玛和腾讯共同推出小程序"扫玛购"，提升用户的线下购物体验，用户不必排队等待结账，在微信小程序上"扫一扫"录入商品，就可以通过微信支付完成结账。

4.员工管理数字化

沃尔玛在我国有10余万名员工，大多数都是门店工作人员。为提升员工工作效能，沃尔玛在员工管理数字化方面也做出了诸多努力。沃尔玛通过企业微信平台优化员工工作流程，提升员工的执行效率。员工可以通过企业微信收到定制化的任务，员工完成任务后，可以及时将工作相关照片通过企业微信上传。另外，在遇到缺货、商品价格调整等问题时，员工也能够通过企业微信及时反馈给采购部门。

在进行品牌数字化迭代时，沃尔玛始终以满足用户需求和提升用户体验为目的。这也为其他品牌的数字化迭代提供了经验：在进行品牌数字化迭代的过程中，一定要明确自己的目标，并以此制定合适的迭代策略。

品牌数字化迭代不仅为用户的生活带来便利，还开拓了品牌经济发展的新空间。许多品牌加速数字化迭代进程，以新技术引领未来的发展，以新手段实现用户引流、转化。

7.2.3 虚拟化迭代：逐步实现品牌运营的多环节虚拟化

Web 3.0时代是一个虚实结合的时代。品牌借助新兴技术进行虚拟化迭代，既可以吸引消费者，又可以辐射更多的年轻用户，实现广泛传播。运营的多环节虚拟化是品牌虚拟化迭代的关键。具体来说，品牌可以实现以下4个运营环节的虚拟化。

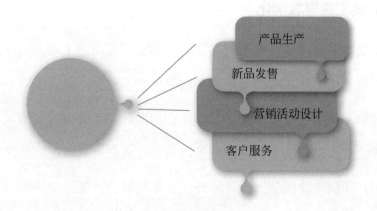

4个可实现虚拟化的运营环节

1.产品生产

产品生产虚拟化以科技飞速发展为前提，品牌可以及时监控产品生产的过程，提高产品生产效率。例如，微软研发的HoloLens混合现实头显已经在制造业得以应用。企业能够在一个平行于现实世界的虚拟空间中模拟、检测生产线生产情况，优化现实中的生产。

HoloLens整合了微软的云计算、AR等技术，能够实现在现实空间叠加虚拟数字图像。2022年5月，微软与川崎重工展开合作。川崎重工的员工只要在巡查车间时佩戴HoloLens MR眼镜，就能够随时查看生产数据是否有异常。一旦发现某个环节出现了问题，员工可以利用HoloLens远程联系身处异地甚至异国的维修人员，维修人员能够通过HoloLens MR眼镜传导过来的模拟故障画面进行远程指导，使川崎重工的员工能够以最快速度修复故障。

亨氏随后也宣布将在自己的番茄酱加工厂内引入微软的HoloLens，追踪从番茄收获、晾晒加工，到上市销售、售后服务的每个环节的数据。

微软希望HoloLens能够帮助制造企业解决生产过程中的一些问题，为未来完全沉浸式工业生产打下良好的基础。

2.新品发售

科技的发展使品牌营销活动不断向数字世界迁移，各大品牌纷纷在虚拟空间中举办新品发布会。在线上举办虚拟发布会，不仅可以辐射更多用户，带给用户沉浸式视听体验，还可以借助科技手段更好地传达品牌理念。

例如，华帝将新品发布会搬到虚拟空间中。2022年7月，华帝召开2022年新品虚拟发布会。发布会运用了多种先进技术，支持场景在虚拟与现实之间切换。在虚拟技术的支持下，观众沉浸式地了解了华帝全套新品的功能以及使用场景，对华帝产生了极大的兴趣。

3.营销活动设计

随着AR、VR等技术的发展，更多的虚拟空间出现，为品牌开展营销活动提供了新阵地。例如，多人竞技射击游戏《堡垒之夜》曾在游戏中放映电影，这种形式受到了很多用户的欢迎。在不远的将来，虚拟世界也能放映预告片和广告。

以电子游戏广告科技公司Bidstack为例，Bidstack原本的业务是现实世界的户外广告投放，而现在其将该项业务转移到了虚拟世界，在虚拟广告牌、虚拟场馆中投放广告。

在虚拟空间发布广告可以进一步拓展品牌的发展空间，让其可以脱离于现实世界，在虚拟空间中拥有新的经济、货币、用户、消费环境。目前，已经有很多品牌尝试在虚拟空间中植入广告，例如，Meta创建虚拟社区，为人们的头像提供数字装扮；SK-Ⅱ与广告公司Huge合作，创建虚拟SK-Ⅱ城市，使用户能够在虚拟的街道上参观游玩；Netfpx在

Roblox上推出怪奇物语Starcourt购物中心的游戏化版本；华纳兄弟在Roblox上举办虚拟街区派对，庆祝林曼努埃尔·米兰达的音乐剧《高地》翻拍成电影。

4.客户服务

随着虚拟空间的发展以及核心技术的升级，虚拟数字人已经进入现实世界的多个应用场景，承担起为人类服务的责任。如今已经有多家品牌拥有了自己的虚拟员工，这些虚拟员工不仅能够为用户提供更加专业的问题解答，还能够像真人员工一样与用户进行实时交互，在工作中不断学习，丰富自己的知识储备。

例如，以AI技术为核心的魔珐科技曾与光大银行联手，推出了虚拟员工"阳光小智"。阳光小智是一个3D形象的智能客服，不仅具有专业的业务能力，还能够给用户提供人性化的服务。她会亲切询问用户的业务需求，并通过流畅的语言和自然的动作与用户进行互动，同时可以全天候为用户提供专业化的服务，为用户答疑解惑。

除了光大银行外，浦发银行、南京银行等都推出了自己的AI虚拟员工，虚拟员工在企业中的应用渐成趋势。虚拟员工在许多场景中都可以很好地担任客服这一角色。例如，在大型商场中，虚拟员工可以提供结账、天气查询等服务；在服务机构办事大厅中，虚拟员工可以提供自助咨询服务。

多场景应用体现了虚拟员工的价值。虚拟员工可以在一定程度上取代人工，担任回复用户咨询、活动内容讲解、员工培训等方面的工作，将员工从重复、烦琐的工作中解放出来，让员工进行其他更有价值的工作。更为重要的是，虚拟员工可以全天在线，随时为用户提供服务。与人工客服相比，虚拟员工能够为用户提供更加便利、多样化的服务。

除了完成日常工作外，虚拟员工还可以成为企业IP。例如，欧莱雅推出了虚拟偶像"欧爷"。作为欧莱雅的虚拟员工，欧爷主要负责企业的公关事务，在不同的栏目中拥有不同的身份。在"欧爷百事通"栏目中，欧爷作为"新闻部长"，及时发布最新的美妆动态；在"欧爷说成分"栏目中，欧爷作为"成分党"专家，讲解化妆品成分的秘密。通过美妆新闻、化妆品成分等内容的分享，欧爷能够为用户提供专业的多样化内容。在持续分享内容的过程中，欧爷的形象不断丰满，也与更多用户建立起了信任关系，最终成长为具有影响力的企业IP。

可见，对于品牌来说，引入虚拟员工不仅能够降低人工成本，提升工作效率，还能够创新与用户沟通的渠道，打造企业虚拟IP。未来，随着虚拟数字人在更多企业中的应用，虚拟员工将成为常态，而品牌也将享受到更多的虚拟数字人发展的红利。

目前，品牌对虚拟空间的探索仍处于早期阶段，但随着科技的发展，更多的玩法将被解锁。品牌虚拟化迭代既是机遇也是挑战，只要品牌稳扎稳打，便有无限发展可能。

7.3　Web 3.0时代，品牌延伸的路径

在Web 3.0时代，为了拓展品牌的广度和深度，提升品牌价值，形成品牌独特的竞争力，很多品牌采取单品牌延伸、多品牌延伸、品牌收购的品牌延伸策略。品牌要明确自身的延伸路径，借助虚拟产品或虚拟品牌深化品牌内涵，增加品牌附加价值，实现利益最大化。

7.3.1　单品牌延伸：打造传统品牌旗下虚拟产品

单品牌延伸指的是同一品牌旗下有多种产品或者有一个主品牌和多个副品牌。例如，康师傅不同品类的产品都使用康师傅这一品牌名称，如康师傅冰红茶、康师傅每日C、康师傅方便面、康师傅夹心饼干等。康师傅的产品都是以"康师傅+产品品类"的方式进行宣传，充分利用康师傅的知名度尽快打开销路。

单品牌延伸策略的优点主要有：品牌的产品架构清晰明了；品牌影响力得到提升，可以节省新产品的营销费用；拉动产品销量等。

在Web 3.0时代，单品牌延伸的对象由实体产品转向虚拟产品。例如，2021年12月，知名啤酒品牌百威推出了"Budverse Cans：Heritage Edition"（百威罐装：纪念版）系列NFT数字藏品。此次百威共发售了1936个NFT数字藏品，以此来纪念百威第一款罐装啤酒诞生于1936年。

该系列数字藏品在发售1小时内便售罄，显示出了超高的人气。百威通过单品牌延伸战略发布虚拟产品，获得了成功。

再如，Balmain在进军虚拟产品领域的过程中坚持使用单品牌延伸策略。2021年8月，Balmain推出"火焰连衣裙"NFT系列服装，随后又陆续推出3个NFT数字藏品服装系列。2022年5月，Balmain宣布将与MintNFT长期合作，持续打造Balmain服饰NFT数字藏品系列，表示了其实行单品牌延伸策略的决心。

Web 3.0时代是一个全新的科技时代，对于品牌来说，也是一个快速发展的时代。品牌以单品牌延伸策略打造虚拟产品，有利于吸引原有用户，在虚拟世界拥有一批稳定客户，为虚拟产品的未来发展奠定良好基础。

7.3.2　多品牌延伸：打造专注虚拟产品的新品牌

多品牌策略指的是企业根据市场目标的不同使用多个品牌推出产品。例如，可口可乐采取的就是多品牌延伸策略。在碳酸饮料行业，可口可乐是主品牌，雪碧、芬达则是其副品牌。同时，可口可乐还进军果汁饮料、纯净水市场，但并未使用可口可乐这一品牌，而是使用了美汁源、纯悦等品牌名，这便是多品牌策略。

多品牌策略既能够不损害主品牌的口碑，又能够拓展新的市场；强调了不同品牌的特点，有序地划分了不同的市场，吸引不同的消费圈层。

在Web 3.0时代，许多品牌尝试使用单品牌策略或多品牌策略打造全新虚拟产品，但品牌在使用两种策略时，一定要合理分析自己的状况，考虑好自己更适合哪种。例如，虚拟数字人研发公司世悦星承便根据自己的情况选择了多品牌延伸策略。世悦星承专注于打造虚拟数字人与虚拟数字潮流品牌，旗下已有6位虚拟数字人。每位虚拟数字人都有独特的定位，涵盖饰品、滑板、萌宠、美妆、汽车、科技等领域。

世悦星承为每位虚拟数字人都进行了角色定位，并为其创立了虚拟潮流品牌。虚拟数字人Vila是一位热爱时尚、美妆的甜美女生，世悦星承为其建立了数字萌宠潮流品牌RARAVila，虚拟数字人Vince、Mr.Meta的虚拟潮流品牌分别是数字滑板品牌VON11、虚拟复古主义汽车品牌MET@NEGA。世悦星承通过建立多个虚拟潮流品牌触达不同领域，抢占了细分市场，实现虚拟市场全方位布局。

单品牌策略与多品牌策略没有好坏之分，品牌只有根据自身的情况选择适合自己的品牌延伸策略，搭建好品牌架构，才能在Web 3.0时代平稳进步，做大做强。

7.3.3　品牌收购：快速完善品牌体系

Web 3.0时代势不可挡，许多品牌选择以收购其他品牌的方式进军Web 3.0。对于部分品牌来说，重新搭建产品线过于烦琐，而收购一些有价值的新兴品牌则有助于弥补品牌短板，快速完善品牌体系。

许多互联网品牌已经开启了品牌收购之路，早早布局 Web 3.0。例如，2022 年 3 月，阿里巴巴收购的《南华早报》，成立了一个名为"Artifact Labs"的 NFT 品牌；同一时期，腾讯将目光投向 Web 3.0 项目，投资了澳大利亚的"Immutable"游戏品牌；字节跳动则通过 TikTok 提前在海外布局 Web 3.0。

在 Web 2.0 时代下，品牌业绩增长乏力已经成为不争的事实。许多品牌将 Web 3.0 作为提升自己竞争力的新方法。例如，2022 年 4 月，特斯拉创始人马斯克宣布将花费 440 亿美元收购推特，进军虚拟空间领域。推特作为全球知名社交平台，拥有大量全球用户。收购该平台，马斯克就拥有了强大的用户基础，拓展新用户和开展营销活动都很方便。

Web 3.0 的火热使得很多品牌都试图抢占先机，分一杯羹。品牌收购则是一个帮助品牌快速入局的办法。对于品牌来说，收购其他品牌能够快速完善品牌体系，以较小的风险、较快的速度进入新的领域，迅速发展，走向成功。

7.4　传统品牌超前布局，向 Web 3.0 进发

虽然时代的发展、技术的进步为品牌带来了一段红利期，但是真正能享受到红利的品牌寥寥无几，大多数品牌都因跟不上时代的步伐而被

淘汰。在瞬息万变的市场环境下，传统品牌需要提前做好准备工作，超前布局，迎接Web 3.0时代的到来。

∧ 7.4.1 Gucci：虚拟产品+虚拟展览，多角度进军

Gucci作为经典奢侈品品牌之一，能够有如今的地位，必然有其独特的营销手段。在Web 3.0时代即将来临之际，Gucci提前布局，推出虚拟产品，举办虚拟展览，多角度进军Web 3.0，提前抢占市场。

Gucci是第一个尝试应用虚拟现实技术的奢侈品品牌。早在2019年，Gucci就推出过一项虚拟试鞋功能，方便用户在线上试穿多款鞋。2020年，Gucci与图片分享平台Snapchat联合发布了两款滤镜，用户可通过滤镜虚拟试穿运动鞋，还能够线上购买。

2022年，Gucci又联合弥知科技推出AR虚拟珠宝试戴体验活动，用户可以在天猫官方旗舰店和小程序内体验该功能。因为珠宝价格昂贵，且购买时需要反复挑选，所以用户往往选择在线下实体店购买。Gucci的AR虚拟珠宝试戴功能能够以高清3D数字模型的方式向用户全方位展现珠宝的外观与细节，使珠宝看起来十分真实。同时，用户还能够通过虚拟试戴功能直观感受自己的试戴效果，这使得用户足不出户便可获得与线下门店一样的体验。这一功能成功弥补了珠宝线上销售的缺点，提高了用户的线上购买率。

在虚拟展览方面，Gucci也进行了尝试。例如，2021年5月，Gucci

携手Roblox在虚拟世界中举办了一场为期两周的虚拟展览，吸引了很多用户的参与。

进入展览会场后，用户会获得一个虚拟化身，并可以自由地在多个场景中漫步，欣赏Gucci展出的产品。在展览期间，Gucci推出了几款限量产品，用户可使用Roblox中的虚拟货币Robux购买。值得一提的是，由于限量产品的价格持续上涨且购买不易，此次限量产品一经推出就引发用户疯狂抢购。

在消费场景多样化的互联网时代，品牌只有多方面尝试，才能探索出属于自己的发展道路。Gucci通过"虚拟产品+虚拟展览"的形式，全方位进军Web 3.0，打造虚拟世界产品矩阵，吸引了更多用户的关注。

7.4.2　星巴克：宣布Web3计划，打造Web3平台

2022年9月，星巴克宣布推出Web3平台Starbucks Odyssey。Starbucks Odyssey无疑是星巴克的野心之作，将星巴克提高用户回购率的忠诚度计划Starbucks Rewards与NFT平台相结合，给予用户全新体验。作为星巴克进军Web 3.0的全新平台，Starbucks Odyssey具有以下特点。

1.发布多种NFT

在星巴克的Web3平台Starbucks Odyssey上，用户可以获得"旅行印章"与"限量版邮票"两种NFT。用户可以通过参加Starbucks

Odyssey "旅程"系列活动获得"旅行印章"NFT。例如，用户可以参加不同门店举办的活动，品鉴不同门店的咖啡，通过旅程打卡，获得"旅行印章"NFT奖励。

"限量版邮票"NFT则需要用户通过星巴克星享Starbucks Odyssey平台的内置市场购买。用户购买时无须使用Web3常用的加密钱包，用信用卡就可以完成支付。这种方式降低了用户的购买门槛，更容易吸引用户参与。

2.NFT可以交易

星巴克发行的每个NFT都是独一无二的，都可以在区块链上确定其所有权。星巴克发行的NFT可以在用户之间交易。用户获得的NFT越多，积分就越多。用户可以使用积分参加星巴克组织的活动，如获得星巴克限定商品、参加星巴克烘焙工厂举办的活动、体验虚拟咖啡制作课程等。

3.与星巴克星享俱乐部兼容

Starbucks Odyssey与星巴克星享俱乐部兼容，星享会员可以同步登录Starbucks Odyssey并参与活动。

Starbucks Odyssey是星巴克拥抱Web 3.0时代的一次尝试。星巴克渴望把自己从一个传统品牌转变为由员工和消费者共享福利的去中心化品牌，但是星巴克在尝试中仍然有传统品牌的"影子"。例如，"旅行印章"NFT的打卡活动和用户积分奖励活动十分相似，星巴克发布"限量版邮票"NFT是为了促进周边商品的二次消费等。虽然星巴克迈出了探索Web 3.0的第一步，但距离成为新时代的Web 3.0品牌仍有很长的路要走。

7.4.3 三星：全方位布局Web3生态，成为重要玩家

Web 3.0作为互联网的未来发展方向，受到了许多品牌的期待。品牌相继涌入其中，提前布局Web 3.0的商业生态。电子巨头三星也加入Web 3.0生态体系，成为重要玩家之一。

2022年初，电子巨头三星宣布和虚拟空间平台Decentraland达成合作，将在其平台上开设名为"三星837X"的虚拟商店，通过"数字剧场""数字森林""定制音乐庆典"等项目为用户提供虚拟体验。

其中，"数字剧场"会滚动播放CES 2022（2022年国际消费类电子产品展览会）期间三星的相关消息；"数字森林"打造了一片由数百万棵虚拟树木组成的虚拟森林，供用户浏览、体验；"定制音乐庆典"指的是用户可以参加三星举办的MR舞蹈派对，除了获得新奇的娱乐体验外，用户还有机会获得NFT徽章和限量版可穿戴设备。

随着NFT的火热发展，很多品牌都尝试推出NFT数字藏品，但三星推出的数字藏品略有不同。2022年，三星与NFT交易平台Nifty Gateway达成合作，推出智能电视NFT平台。此次合作将Nifty Gateway引入了三星智能电视体系中，这不仅使NFT的展示更加清晰、美观，还

支持NFT在市场自由交易，使交易变得更加便捷。

三星在Web 3.0领域投入了大笔资金，全方位布局Web3生态，获得了快速发展。虽然品牌在Web 3.0时代进行品牌迭代会遇到一些挑战，但Web 3.0是品牌破局的关键点，因此品牌应抓住机遇，直面挑战，积极进行品牌迭代，开拓更广阔的发展空间。

第 **8** 章

虚拟品牌时代开启：
原创虚拟品牌爆发

随着互联网的进一步发展，虚拟时代正悄然来临。丰富多彩的虚拟场景、个性多样的虚拟数字人已经逐渐渗入用户生活的方方面面。在时代趋势下，为了获得更好的发展，许多品牌创立了虚拟品牌。一个全新的虚拟时代拉开了序幕，虚拟品牌迎来了大爆发。

8.1　数字时尚火爆，虚拟潮牌市场获资本青睐

随着人工智能、3D等技术的发展，服饰数字化浪潮已然来临。数字时尚迎合了年轻用户追求新潮的特性，显示出巨大的发展潜力。资本也看中了其背后庞大的数字时尚市场，对虚拟潮牌进行投资，加速了数字时尚的发展。

8.1.1　RTFKT Studios：聚焦虚拟球鞋，获得巨额融资

RTFKT Studios是一个于2020年1月创立的虚拟潮牌，主营业务有"皮肤"设计、AR、区块链、数字时尚等。其创始人一直有为游戏公司和时尚品牌提供设计方案的想法，因近几年用户的数字化意识迅速提升，所以创始人决定提前实施这个想法。

RTFKT Studios的创始人将目标聚焦于虚拟球鞋，将自己的创意与时下热点结合，获得追求潮流时尚的年轻人的青睐。RTFKT Studios在

创立1年后就获得千万美元融资，显示出了强大的发展潜力。

2021年3月，加密艺术家Fewocious与虚拟潮牌RTFKT Studios联名推出3款NFT运动鞋，其价格十分高昂，分别售价3000美元、5000美元和1万美元。但高昂的价格没有削减用户的购买热情，这3款运动鞋在上架7分钟后就被抢购一空，销售额突破310万美元。

而让RTFKT Studios走红的是特斯拉创始人马斯克穿着虚拟运动鞋出席活动的照片。照片一经流出，便在社群上迅速引发了热议。2020年10月，这双运动鞋以将近9万美元的价格被人拍走。

在意识到市场对虚拟运动鞋的高接受度后，RTFKT Studios与游戏制造商Atari合作推出了NFT METAVERSE系列，除了运动鞋外还包含虚拟服饰METAJACKET，同样被抢购一空。

消费市场的支持使得RTFKT Studios更为超前和大胆，即先打造虚拟产品，再打造实物产品。2022年6月，RTFKT Studios通过Space Drip项目宣布，拥有RTFKT Studios虚拟球鞋的用户可以领取一双实体Air Force 1球鞋，用户可以在2022年12月6日之前兑换。RTFKT Studios用先锋的设计和前卫的概念打动用户，然后再探索实物产品与数字产品的结合，从而让用户获得更加沉浸和个性化的体验。

RTFKT Studios成立仅1年就获得巨大成功，足以证明NFT是一个天然流量池，有希望为接近饱和的时尚行业拓展全新的发展空间。在数字化的大背景下，时尚产品的价值载体已经逐渐从以往的设计和质量，转向更加新奇、独特的体验。

RTFKT Studios这一虚拟潮牌的火爆敲开了虚拟潮牌市场的大门，只要把握用户的喜好，虚拟时尚这门生意在虚拟空间"生根发芽"只是时间问题。

8.1.2 The Fabricant：从数字高定到去中心化平台

The Fabricant于2018年创立，是一家专注于数字时尚的品牌。其创始人Kerry Murphy曾在采访中表示，其致力于探索时尚的可能性。The Fabricant是全球第一个数字服装品牌，可以说，Kerry Murphy从根本上开创了一个行业。The Fabricant在不断发展中获得了许多成就，也为数字时尚行业的发展带来了更多可能性。

2019年，The Fabricant推出了一款采用区块链技术制作的高级定制服装"Iridescence"（彩虹连衣裙）。该服装由艺术家Johanna Jaskowska与The Fabricant联合推出，最终卖出9500美元的高价。

随后，The Fabricant与NFT开发商Dapper Labs展开合作，将其数字高定服装铸造为NFT。数字高定服装具备数字资产的价值，也具有高度可扩展性，可以由设计师继续设计、改造。The Fabricant还与知名游戏企业Epic Games建立了合作伙伴关系，设计师可以通过该平台对数字高定服装进行渲染。

在数字高定服装设计方面，The Fabricant先后与多个品牌展开合作，如时尚运动品牌PUMA、美国高端运动品牌Under Armour等，为其提供独特的数字高定服装。The Fabricant用数字服装取代实物服装，减少了碳排放，也为时尚行业的创新发展贡献力量。

The Fabricant的野心并不止步于数字高定服装。2022年，The Fabricant获得了1400万美元A轮融资，该笔融资将被用于其NFT平台The Fabricant Studio打造"虚拟空间衣橱"的计划。这一举动也意味着The Fabricant的商业模式发生了改变，由数字高定服装设计品牌转变为去中心化平台。

The Fabricant Studio是一个所有用户可以创造、交易和穿戴数字服装的NFT平台，用户已经在该平台创作了上千款数字时尚产品。The Fabricant希望每位用户都可以成为数字时尚服装的设计师，参与数字时尚经济的发展。The Fabricant一般通过DressX等数字零售平台销售服装，但在The Fabricant Studio平台建立后，其打通了向外销售数字服装的渠道。这也是The Fabricant打造"虚拟空间衣橱"的重要策略，即将品牌服务项目由服装设计拓展到销售层面，为用户提供更多服务，以此来获得更多用户的支持。

构建数字时尚的去中心化平台是时尚行业的未来发展趋势之一。The Fabricant通过引入数字商业模式来推动数字时尚的发展，并为用户提供更好的数字时尚体验。从数字高定服装设计品牌到去中心化平台，The Fabricant试图构建创作者收益体系，使数字服装变得更大众化。

8.2 我国虚拟潮牌崛起，紧随趋势

随着本土意识与本土文化认同感的增强，年轻用户对于国产品牌的印象逐渐好转，也更有意愿购买国货。在这样的背景下，许多品牌瞄准了国内虚拟潮牌市场的空白，开始创立自己的虚拟潮流品牌。

∧ 8.2.1 Meta Street Market：发布多系列虚拟产品

随着虚拟潮牌火热发展，用户对时尚的认知也逐渐改变。数字时尚领域具有广阔的发展前景，许多数字时尚品牌成立后热度不断攀升，为时尚领域带来了不小的冲击。虚拟时尚研发企业世悦星承看到了我国虚拟数字原创品牌的空缺，创立了我国首个潮流数字运动品牌Meta Street Market，以"黑马"之态势在众多虚拟潮牌中脱颖而出。

Meta Street Market于2022年1月发布了第一代虚拟数字球鞋系列——XNOR-100。该系列数字球鞋以电路、石墨烯、芯片等元素为创作灵感，在海外交易平台发售。随后Meta Street Market又发布了新春虎年限定数字藏品，在数字时尚运动品牌中迅速走红。

2022年3月，Meta Street Market发布了XNOR-Blossom"花"生万物高定虚拟球鞋系列。该系列虚拟球鞋以花朵为装饰，搭配极具未来感的鞋型，充满科技感。发售时抽签人数超过15万，原价599元，在拍卖

中上涨到几千元到上万元不等。

在该系列虚拟球鞋售罄后，Meta Street Market又推出了虚拟鞋盒回馈购买产品的用户。该虚拟鞋盒内容纳了一个虚拟空间，拥有虚拟鞋盒的用户可以获得一个虚拟住宅或商店。在此基础上，用户可以发挥自己的奇思妙想，创建独特的虚拟住宅。例如，虚拟球鞋与虚拟住宅结合，可以得到一个以花朵为主题的虚拟住宅；两个虚拟鞋盒合成，可以获得一个更大的虚拟住宅等。用户不仅仅是虚拟产品的持有者，还是虚拟产品的创建者。

作为虚拟国潮品牌，Meta Street Market不断创新，结合社会热点及时尚潮流打造虚拟产品。2022年4月24日，在第七个"中国航天日"到来之际，Meta Street Market推出了全新一代Passanger-3996"旅客号"航天飞行虚拟球鞋系列，致敬中国航天精神。

该系列球鞋的外形设计与XNOR系列完全不同，将数字时尚与航天工业科技融合，实现了形态上的革新。该系列共有12款配色，总计3996个，其中还有124个隐藏款，单个售价为888元。

2022年11月，Meta Street Market与三星携手参加上海潮流艺术博览会。在潮博会上，Meta Street Market为到场的用户准备了惊喜礼品，即前100名到场打卡的用户可以获得Qawalli：2022潮博会专属数字头像。该头像是Meta Street Market运用AI技术重塑而成，十分具有纪念意义和收藏价值。

在潮博会上，Meta Street Market与三星展开了主题为"数字艺术新世界"的合作。Meta Street Market的数字版画通过三星The Frame画壁电视进行展示。三星自带的黑科技像素能够清晰展现数字版画的每一个细节，为用户带来超高清体验，实现用户沉浸式参观。二者的合作，是前沿科技与艺术美学的交汇，用独特的外观设计与强劲的产品实力为用户搭建了探索虚实结合艺术空间的通道。

虚拟潮牌的消费用户是在数字时代成长的一代，他们渴望以一种更有趣、新奇的方式来表达自己的身份与个性。Meta Street Market迎合了消费群体的需求，成为深受用户喜爱的虚拟潮牌。未来，越来越多的虚拟国潮品牌将崛起，共享庞大的虚拟消费市场。

⌃8.2.2　0086：打造数字藏品平台加密空间

海外市场中NFT的火热发展，使国内品牌看到了创新方向。例如，"绽放文创"创立了0086 Studios，推出了虚拟潮流品牌0086。"0086"来源于中国区号+86，将"想象力、体验感、不枯燥、超未来"作为品牌理念，希望打造出属于中国的潮流品牌。0086主要从创建虚拟潮牌、打造加密空间、打造0086专属空间3个方向进行品牌运营。

1. 创建虚拟潮牌

为什么选择创建虚拟潮牌？0086有着自己的规划。在数字藏品行业中有许多详细分工，如搭建交易平台、创建IP品牌、创建原创品牌等。与IP品牌相比，0086认为产品品牌的定位比IP更具有拓展性。IP需要全方位的沉淀与包装，再用其自身的附加价值去推出周边和其他玩法来实现创收。如果一个IP前期没有足够的铺垫，那么就很容易失败。一个品牌则可以拥有很多IP，不断推出新的系列产品，玩法也更加多元，不断为用户带来新鲜感。

打造潮牌则是因为0086发现关注数字藏品的用户中也有许多潮流爱好者。用户之间可以展示、交易NFT潮牌产品，产品有更多应用空间，更容易引起热议。因为鞋类品牌更容易打开年轻用户市场，所以0086选择了潮鞋品类。

例如，2022年3月，0086与伦敦的建筑师Andrew CHOW共同推出了虚拟潮鞋0086 "狂" 系列。该系列总共包含6款产品，经过一个季度的精心打磨才最终上线。这些产品一经推出，便在10分钟之内售罄，显示出了超高人气，也展现了0086的独到眼光。在这之后，0086保持每月上新的频率，陆续为用户带来更多的潮流单品，引领时尚风向。

2.打造加密空间

国内的数字藏品交易平台众多，0086在选择交易平台时十分谨慎，主要关注以下3点：一是合法合规；二是运营理念一致；三是与0086的品牌调性相符。在这样的筛选条件下，0086与数字藏品平台 "加密空间" 展开合作，第一次发售了原创产品。

3.打造0086专属空间

为了将潮流爱好者聚集在一起，0086尝试创建社群。但在管理社群的过程中，0086发现品牌方的管理权限相对较小，话语权重也相对较低，很难控制用户的言论，一些创意玩法也很难在社群中实现。因此，0086更期盼建立一个专属空间与用户交流。

在多方尝试后，0086入驻了由游戏公司"创梦天地"开发的社群App Fanbook。在社群中，0086拥有较高的管理权限，探索更多协作场景，并通过活动提高用户的社群参与度，增加用户黏性，促进品牌的发展。0086是第一个加入Fanbook的数字藏品品牌，Fanbook也希望将0086打造成一个标杆案例，吸引更多数字藏品品牌入驻。

0086作为中国原创虚拟潮流品牌，创造并引领了时尚潮流，为虚拟时尚的发展贡献了自己的一份力量。未来，0086将持续发力，在虚拟视角下与年轻用户产生联系，搭建虚拟世界与现实世界的桥梁。

8.3　虚拟品牌的未来

目前，虚拟品牌正处于蓬勃发展阶段，存在广阔的发展空间，但虚拟品牌在发展的同时仍要思考未来的方向。无论是实体品牌还是虚拟品牌，都要以用户为本，吸引用户的目光。因此，未来虚拟品牌可能会向更多领域扩展，诞生多种虚拟品牌；将虚拟代言人和虚拟品牌深度绑定，激发年轻用户的兴趣。

∧ 8.3.1 向更多领域扩展，诞生多种虚拟品牌

在虚拟空间不断发展和虚拟技术不断提高的情况下，虚拟空间吸引了许多年轻用户，因此，不少实体品牌推出了虚拟品牌。在虚拟服饰领域爆火以后，很多品牌尝试向更多领域扩展，在虚拟汽车、虚拟滑板、虚拟萌宠、虚拟饰品等领域推出虚拟品牌。

在现代社会中，每个用户都有多样的身份和性格，他们或者温柔、固执，或者矛盾，但共同点是内心都有对潮流的渴望。虚拟空间是一个包容性很强的空间，有各种类型的用户、多样的文化背景。在虚拟空间里，渴望自由的用户可以放下现实的压力，尽情展现自我。

例如，虚拟数字人Reddi推出了数字饰品潮流品牌Otamakee。Otamakee拥有独特的品牌风格，将空间感、平衡感、流行金属融合在一起，表现出年轻用户不羁的态度。Otamakee致力于推出充满潮流却又彰显个性的饰品，成为虚拟空间中特立独行的数字饰品潮流品牌。

年轻用户既追求时尚潮流又需求多变，虚拟品牌只有不断探索新领域，才能够持续吸引年轻用户的注意。例如，RARAVila是由美妆博主Vila主理的数字萌宠品牌，凭借着新奇的外观和有趣的玩法给予用户交互性、沉浸感，得到用户的喜爱。RARAVila以卡通形象作为灵感来源，推出圆滚滚的虚拟宠物胖胖兔FatBlack。FatBlack圆润饱满的身体异常可爱，灵动又乖巧，给用户带来心灵上的抚慰。

RARAVila将"宠物关系"作为设计理念，认为FatBlack不仅是虚拟宠物，还是虚拟空间内陪伴用户的"家人"。RARAVila将虚拟陪伴的概念和社交关系融入萌宠品牌中，传递了虚拟文化生活理念。

RARAVila与用户共享共建，致力于在虚拟空间打造一片天地，使用户摆脱束缚，体验到更加充实的生活，为虚拟世界带来更多的活力与创造力。在充满机遇和希望的虚拟空间中，还有许多未知等待用户探索。

虚拟品牌从概念到落地需要经历漫长的过程，在这期间，整个行业还会持续扩张，向不同领域延伸，构建完善的虚拟品牌生态。品牌需要抓住行业风口，借助虚拟行业的快速发展实现全力扩张。

8.3.2　虚拟代言人和虚拟品牌深度绑定

随着虚拟空间的快速发展，虚拟代言人已经屡见不鲜，各具特色的形象层出不穷。如今，虚拟代言人已经不再只是一个形象，而是站在品牌层面和用户"对话"，帮助用户解决问题，与用户产生情感连接。和虚拟代言人进行深度绑定已经成为虚拟品牌的未来发展趋势。

例如，2021年中秋前夕，天猫推出了一款数字月饼。这款月饼以多面体和酸性金属物质为设计元素。多面体代表现实世界，流动性的酸性金属物质则象征虚拟世界，两种元素的交融表现了现实世界与虚拟世界的融合过程。虽然这款月饼不能吃，但受到许多年轻人的欢迎，一天内有近2万人排队抽签。

而为消费者送出数字月饼的代言人不是真实的人，而是一位虚拟数字人。AYAYI是天猫打造的首个虚拟数字人，她是由电脑技术合成的，于2021年5月横空出世，在9月正式入职阿里巴巴成为数字人员工，是各大品牌青睐的优质偶像。此次AYAYI与天猫数字月饼的合作，体现了虚拟代言人与虚拟品牌深度绑定的巨大收益。

此外，AYAYI还曾与虚拟潮牌0086进行合作。在小红书的2021年春节活动中，0086为虚拟数字人AYAYI提供了虚拟服饰并发布盲盒数字藏品。AYAYI身上的时尚气息与0086的潮牌属性十分契合，二者的合作引发了巨大的热度。

从AYAYI与虚拟产品联动，到其与虚拟品牌联动，展现了虚拟数字人与虚拟品牌融合的趋势。未来，随着虚拟数字人和虚拟品牌的发展，二者之间的关系将更加密切。虚拟数字人作为代言人代言虚拟品牌将成为趋势。

虚拟代言人与虚拟品牌深度绑定存在诸多优点：第一，虚拟代言人和虚拟品牌推出的虚拟产品具有天然的适配性。虚拟代言人可以自由在虚拟世界中展示各种虚拟产品，促进虚拟品牌传播。第二，虚拟代言人具有长期发展的潜力，能够长久赋能虚拟品牌，同时不存在人设"翻车"的风险。第三，虚拟代言人可以持续在社交平台上与用户互动，保持用户黏性。第四，二者的结合可以将虚拟品牌的价值观念附加于虚拟代言人身上，通过虚拟代言人传递给用户，提升虚拟品牌的辨识度。

当下很多品牌都推出了自己的虚拟代言人，未来，随着虚拟品牌的发展，或许会有虚拟品牌推出自己的虚拟代言人，深化自身发展。

8.3.3　虚拟品牌入驻虚拟社区，强强联合

随着传播媒介和信息技术的发展，用户渴望借助网络进行社交与消费。为了满足用户的需求，许多虚拟品牌相继与各种区块链平台合作，入驻虚拟社区。虚拟品牌入驻虚拟社区主要有以下两个优势。

1. 情感连接

社区一般由兴趣一致的用户共同组成。在社区中，归属感强烈的用户会自发地影响其他用户，一旦用户将自己当作社区的成员，就会更容易受到其他用户的影响。曾经有研究表明，社区融入度高的用户会主动将品牌理念传递给其他用户，同时，也会不断充实自己，加深自己对品牌的理解，结交爱好相同的朋友。

虚拟品牌入驻虚拟社区，有助于增强与用户的情感连接。用户通过参加品牌在虚拟社区中举办的活动，可以享受虚拟社区和虚拟品牌的双重服务，获得娱乐体验和情感价值等。

2. 增加宣传途径

虚拟社区可以通过推送与虚拟品牌相关的信息助力品牌宣传。虚拟品牌入驻虚拟社区，便拥有了一个全新的宣传途径，可以吸纳虚拟社区

的用户，增加品牌知名度。

当前，许多品牌已经入驻虚拟社区，尝试开辟更广阔的发展空间。例如，虚拟潮流时尚品牌RPRSENTED与区块链平台虹宇宙展开了跨界合作。RPRSENTED一直渴望打造一个能够满足用户在虚拟空间中着装个性化需求的虚拟潮流时尚品牌。而在虹宇宙的虚拟社区里，用户可以通过虚拟化身穿着RPRSENTED的时尚单品，尽情展现自己的潮流品位，围绕潮流话题与其他用户进行社交对话，不断拓展自己的社交圈层。

虹宇宙是"区块链+虚拟形象体系+沉浸式互动+兴趣社交+品牌商业"的集合体，打通了虚拟世界与现实世界的通道，为用户提供了一个全新的空间。此前，虹宇宙为许多领域的品牌在虚拟空间中进行营销提供助力。例如，与龙湖地产展开合作，打造了"熙上售楼处"；与内衣品牌爱慕展开合作，开设"爱慕海岛"品牌展示空间；与拉菲红酒展开合作，发布"提格尔葡萄园""拉菲钢琴"等限量数字藏品。

区块链平台打造的虚拟社区往往聚集着大量的平台用户，而品牌入驻虚拟社区，能够打通新的营销路径。这不仅为用户提供了一个实时互动的平台，也能够将更多的虚拟社区用户转化为品牌用户。未来，逐渐爆发的虚拟品牌入驻虚拟社区将成为趋势。

第**9**章

自品牌爆发：
个人成为品牌打造主体

随着Web 3.0时代到来，一些新业态与新商业领域不断涌现，自品牌打造已成为趋势，创作者经济爆发。品牌应借助VR、AI等技术，按照定位、标签、持续展示、多位转化4个步骤打造自品牌，创造新的盈利空间，在未来获得良好发展。

9.1 自品牌打造已成趋势

随着技术发展和用户个性化需求的凸显，自品牌迅速火爆起来。为了在Web 3.0时代打造品牌的差异化定位，众多企业在虚拟数字人、虚拟潮牌等领域做出了积极探索，展现出自品牌新时代的独特价值。

9.1.1 毛戈平：以独特化妆手法打造美妆品牌

如今，各类美妆自品牌层出不穷。其中，MGPIN（毛戈平）是发展较为成功的美妆自品牌。2000年，知名美妆艺术大师毛戈平创建了针对东方女性之美的自品牌MGPIN。品牌定位于时尚东方、大师、专业，秉承光影美学理念，以大师品质引领东方美妆时尚，传承东方之美，为用户提供专业化的美妆产品和服务。

毛戈平不仅是我国知名的化妆师，还是一位具有一定影响力的美妆教学人士。毛戈平以其独特的毛氏化妆手法，在众多知名影视作品的妆造中留下了经典。因此，毛戈平被人们赞誉为"魔术化妆师"。

例如，毛戈平能够以其独特的上妆技巧借助底妆和遮瑕产品轻松打造出奶油肌。在底妆上妆方面，对于脸较圆的女生，毛戈平先是选择比肌肤暗一级的底妆色号上妆，再使用高光对面部进行局部提亮；对于脸较瘦的女生则选择比肌肤亮一级的底妆色号上妆，再使用修容粉对面部进行修容。毛戈平的底妆上妆技巧能够使脸部皮肤看上去更加紧致，打造出自然、立体妆效。在遮瑕方面，毛戈平先是把遮瑕膏的膏体沾一些在手臂上，再用刷子揉一揉并点涂在瑕疵上，然后用手指轻压并晕染开，以更好地遮盖瑕疵，打造无瑕美妆。

毛戈平专注于东方美学的高端妆感造型，依靠其个人IP迅速走红。随着毛戈平化妆技术的不断传播，毛戈平研发了一系列适用于东方女性的美妆产品。毛戈平的美妆产品在挖掘中国传统文化价值的同时，把中国传统文化与当代潮流元素相结合，引领了美妆时尚新潮，形成了低调的东方韵味之美的品牌认知，这也是国民对毛戈平初始品牌形态的认知。

毛戈平品牌创立后，不断向线下、线上发展。毛戈平向其品牌专柜的销售人员传授毛式化妆技巧，打造体验式营销。当用户光顾毛戈平专柜时，毛戈平品牌专柜的销售人员会使用毛戈平产品和毛式化妆技巧为用户上妆。这在传播毛式化妆技巧的同时也使顾客感受到了更直观的上妆效果。

毛戈平开创了引领东方美妆风尚的毛戈平自品牌，在化妆技巧中强调东方美，使更多女性感受到了东方美的独特韵味，并带领了一批中国美妆自品牌成功崛起并走向世界。

9.1.2　李未可：从虚拟数字人到虚拟潮牌

"李未可"是杭州李未可科技有限公司打造的虚拟IP形象和AR科技潮牌。该公司致力于将李未可打造成为我国第一个拥有情感连接的AI虚拟数字人。

技术的进步推动了虚拟数字人的产生和发展，虚拟数字人凭借极具科幻感和观赏性的形象，引发了现象级的讨论。但只具备有吸引力的人物形象是不够的，为人物赋予有趣的灵魂，使人物能够与用户产生情感连接才是吸引、留存用户的关键。

因此，在创建人物形象时，李未可的主创团队组建了业内顶尖的CG（Computer Graphics，计算机绘制图形）技术团队，从而使李未可虚拟数字人的形象更加真实、生动。同时，李未可的主创团队颠覆了传统的创作思路，在小红书、抖音等平台塑造出金句频出、符合年轻人价值观的李未可虚拟数字人形象。主创团队还在B站开辟了李未可漫剧《未可WAKE》，使李未可在二次元的世界里游刃有余地来回穿梭。

在李未可虚拟数字人形象完善之后，主创团队为其打造了虚拟潮牌产品——李未可AR智能眼镜。主创团队将AI虚拟数字人形象与AR眼镜融合，使李未可虚拟数字人形象通过AI眼镜更好地与用户交互。李未可虚拟数字人能够通过AI眼镜投影到用户使用产品的现实环境中，相当于用户现实生活中的一位NPC，重构用户的感官体验。

李未可的算法团队以自然语言处理、语音合成等语音交互功能打造产品的核心功能，并结合CV深度学习模型对虚拟数字人的驱动和超写实的CG人物在产品中的光学呈现，促使AI虚拟数字人在AR眼镜中更加拟人化、情感化，给用户带来沉浸式的使用体验。

虚拟数字人和虚拟潮牌在AI、AR等技术的助力下发展迅速，很多品牌都积极打造自品牌，推出虚拟数字人和虚拟潮牌，试图抢占Web 3.0时代的发展机遇。

9.2　Web 3.0时代，创作者经济爆发

面对Web 3.0创作工具的不断丰富，创作者经济已成为Web 3.0时代经济高速发展的赛道之一。在Web 3.0时代，创作者充分享有所创作内容的自主权，并能够通过自己创作的内容较为轻松地赚取收益，创造自己的个人价值。

∧9.2.1　主权归属：用户创作的内容归属于自己

基于数字内容的可复制性和网络环境的开放性，网络内容很容易被

传播和复制，这大大提升了侵权风险和创作者版权的保护难度。同时，创作者对数字内容侵权进行追责的难度较大，维权成本较高。

版权不易保护是制约数字内容发展的重要问题。这会导致创作者无法获得最大化的收益，创作者自然不愿意投身于数字内容创作中。而Web 3.0时代的NFT能够解决这一问题。NFT凭借其独特的记录功能重新塑造了艺术产业、创作者、管理者、受众之间的关系，给予了创作者更多的权利保护。

NFT可以让创作者安全追踪作品权利的转移，并解决数字内容的所有权和使用权分离的问题。NFT通过区块链元数据以及标识符标记作品版权，使创作者版权透明、可追溯，保护创作者权益。这样无论别人是"搬运"、抄袭还是剽窃创作者的作品，作品的所有权都在创作者手中。

NFT对于作品版权的保护其实是对区块链资产的保护，其对创作者的版权保护是十分可靠的。不过，NFT数字作品的侵权问题仍然需要第三方版权保护机构监管，只有区块链与第三方机构结合起来，才能更好铸造一个坚固的版权保护框架。未来，随着技术的成熟，NFT有望给创意产业版权管理模式带来颠覆性的改变。

9.2.2　收益提升：NFT锚定价值与交易分配机制

NFT能够大大提升创作者收益，创作者在一些UGC平台发布作品虽然能够获得收益，但需要将部分收益分给平台。而在去中心化的Web

3.0中，一个作品被铸造成NFT作品后，就成为区块链上独一无二的资产，从而更好地实现作品内容的价值流转，给创作者带来收益。

NFT可以为创作者提供永久的支持，每次创作者的NFT作品以更高的价格被转让出售时，创作者都能获得一定比例的收益。这种方式不仅避免了数字作品的部分收益流向中介发行机构，使创作者的收益权有所保障，还能实现创作者收益最大化，从而刺激创作者积极生产内容。

例如，3LAU是区块链领域的知名音乐家，也是数字NFT的支持者。2021年3月，3LAU将他的《紫外线》专辑NFT以大约1100万美元的价格出售，还将最新单曲《Worst Case》作为NFT出售，并将一半收入分给了333名支持他的NFT持有者。3LAU以自身的经历说明NFT如何改变音乐创作者的生存环境，提高他们的音乐收入。

3LAU还创建了音乐NFT平台Royal，旨在使音乐创作者拥有音乐所有权和相应的收入。用户可以投资自己喜欢的音乐项目，与音乐创作者共同盈利。

自Royal创立以来，已经有超过2000名音乐创作者询问如何加入。其中，200名音乐创作者月均听众超过50万名，少数创作者拥有超过2000万的流量，可见Royal的受欢迎程度。Royal开创了通过出售音乐NFT创造财富的新模式，进一步促进了新兴音乐产业的发展。Royal先后获得了a16z和Coinbase Ventures等企业的支持，成为音乐NFT领域中的重要力量。

NFT作品的交易需要在特定的NFT交易平台上进行。一般而言，

NFT作品交易平台分为两种。第一种是创作者运营的官方交易平台，这种交易平台的开发往往需要较高的成本，因此，一般来说，只有资金富裕的企业选择建设这种交易平台。第二种是第三方交易平台，这一类交易平台供创作者与用户进行交易，并通过从作品交易中收取佣金来获取利润，维持平台的稳步运营。这种交易平台是目前数字作品交易的主流平台。

例如，Audius是一个创立于美国、基于区块链技术的音乐共享平台。其能够将音乐作品NFT化，给每一部音乐作品打上独一无二的标识。每一个标识记录着该作品的创作者、交易记录、持有者等信息，有效地解决了作品归属问题。

Audius还将平台的控制权、作品的定价权交还给音乐创作者。音乐创作者可以独立决定其作品的盈利方式。例如，音乐创作者可以选择免费发布音乐作品，也可以选择为粉丝设置专属价格，使他们享受特殊福利。这样可以避免音乐创作者上传歌曲时被平台收取高昂的中介费用，或者因为审核不通过导致作品下架等情况的出现。

Audius不与任何中间机构合作，其致力于实现音乐从音乐创作者到用户的直接传递，使音乐创作者与用户建立直接联系，帮助音乐创作者获得更多收入。Audius还发布了自己的原生加密代币AUDIO，用来激励音乐创作者参与平台建设。拥有代币的用户可以拥有相关提案的投票权，一枚代币代表一张选票，帮助平台创造一个公平的环境。

目前，Audius月均活跃用户高达75万人，拥有超过10万条歌曲资源和超过100万播放内容。Audius已经与deadmau5、3LAU、RAC等多名艺术家达成合作，共同维护音乐创作者的权益，推动NFT产业的发展。

NFT交易机制实质上是数字作品所有权的转移，NFT交易中的作品具有一定的收藏和投资价值。NFT数字作品具有一定的独立性、支配性和特定性，当其存储于网络空间、通过NFT唯一指向成为一件可以流通的数字商品时，其就产生了受法律保护的财产权益。NFT数字作品持有者对该作品享有占有、使用、收益等权利。

NFT交易本质上是一种以数字作品为交易内容的买卖关系，购买者在交易过程中获得的不是对数字财产的使用许可，而是一项财产权益。NFT作品的交易对象是数字作品本身，财产权的转移是交易产生的法律效果。

凭借其无可比拟的锚定价值和独特的交易分配机制，相信在不久的将来，NFT将会产生更加多元、广阔的应用场景，为创作者经济的发展提供更广泛的价值驱动。

∧ 9.2.3 平台服务：平台由内容提供者变为工具提供者

在Web 3.0时代，平台由内容提供者转变为工具提供者。为了建设更新颖、完善的内容生态，Web 3.0平台为玩家提供了开发工具，为玩家提供自主构思、自主创作的机会，促使玩家向创作者转变，同时促进平台内容生态的繁荣。

近几年爆火的3D沙盒游戏"迷你世界"占据了广阔的游戏市场。2021年7月，迷你世界的创始公司迷你创想举办了"光"年度发布会。其CEO周涛宣布品牌由"迷你玩"升级为"迷你创想"，并且致力于打造"游戏创意摇篮"，持续加码全平台的生态共创者。

此次发布会后，迷你世界最大的变化就是从"平台给什么就玩什么"转变为"玩家喜欢什么就创造什么"。目前，已有7000多万名玩家加入迷你世界的创作者阵营中，创作内容量接近2亿。迷你世界主要为创作者提供了以下两个方面的支持。

1.开发工具

迷你世界为创作者提供了不同阶段的游戏开发工具。初级创作者可以借助触发器研发游戏编程，还可以运用素材方块搭建游戏场景；专业开发者可以借助底层Lua脚本编辑器创作更复杂的多元化场景。开放、便捷的场景开发工具降低了创作者开发游戏的门槛，拓展了平台内容的边界，从而在游戏中形成了从游戏到创作、再从创作到游戏的良性循环。

2.扶持措施

为了吸引更多优质创作者，迷你世界推出对于优质创作者的扶持政策"星启计划"。在星启计划中，平台不仅为创作者提供服务及技术支持，还为创作者提供了亿级资金、亿级流量，并赋予创作者线下基地免费入驻、85%的分成比例、薪资补贴等福利，从而尽可能地帮助创作者减少创作之路的阻碍，推动了迷你世界内容生态的蓬勃发展。

在迷你世界中，从业余玩家转变为专业创作者的用户不在少数，其中有借助创作平台实现经济独立的大学生，还有兼职创作的创业者、上班族等。他们在迷你世界中用自己的创意建造未来，实现梦想。

随着时代的发展，Web 3.0将助力更多开放的创作者平台诞生和发展。随着创作工具的简化和版权认证的完善，创作者经济将会迎来更广阔的发展空间。

9.2.4　Web 3.0促使个人价值爆发，推动自品牌建设

在Web 3.0时代，用户在平台上所创造的数字内容的所有权归属于用户。同时，用户可以自由选择是否将所创造的价值分配给他人。这表明互联网正逐渐打破平台捆绑用户的模式，用户的个人价值逐渐爆发。

计算机代码在经过数字艺术家加工之后，便可能成为一件数字时尚单品，并将计算机理性的数据与人类感性的思维巧妙地融合。这种创作方式成为当下乃至未来众多艺术家艺术创作的主流。

例如，阿根廷数字艺术家Andrés Reisinger在网络平台拍卖会上出售其设计的虚拟家居，总拍卖金额高达45万美元。这些虚拟家居能够陈设在任何3D共享虚拟空间，用以装修虚拟房屋。数字虚拟家居Hortensia chair是这位艺术家设计的一款爆品，是一个由两万片花瓣组成的虚拟扶

手椅。这款爆品受到众多用户的支持与喜爱。

Hortensia chair仅凭借一张3D效果图，便获得了上百个意向订单。设计师Andrés Reisinger和搭档Júlia Esqué花费1年时间，经过不断的打样与试验，Hortensia chair成功上架并量产。上架后，Hortensia chair凭借浪漫、独特的风格获得了众多用户的关注和购买。

在现实中，这样一个由花瓣组成的扶手椅想要实现量产是很难的一件事。Andrés Reisinger将目光转移到Web 3.0的虚拟世界中，用虚拟技术打造数字艺术品。

在Web 3.0时代，"只有不会制造的椅子，没有无法制造的椅子"。Web 3.0时代的数字虚拟作品设计、创作不再受现实条件的制约，创作者可以尽情发挥创意，创作出更加炫酷、奇特的虚拟作品，从而实现个人价值，并获取收益。

9.3　四大步骤打造新时代自品牌

众多自品牌在Web 3.0时代迅速崛起，在打造新时代自品牌的过程中，创作者应遵循4个步骤，分别是定位、标签、持续展示、多维转化。

9.3.1　定位：明确自身优势和瞄向的细分领域

创作者只有做好自品牌定位才能明确目标市场，才能在市场中找到属于自己的发展空间，清晰地建立自己的品牌体系。

在进行自品牌定位时，首先，创作者应选择合适的品牌发展方向。在选择发展方向时，创作者要充分考虑当下市场需求和用户痛点，并选择自己擅长的领域，突出自身的优势。其次，创作者要分析意向行业发展前景、可利用的资源等。只有深刻地认识自身发展条件，才能够放大自己的优势。最后，创作者需要明确自己在哪个领域能够建立独特的优势，能够在哪个领域中名列前茅。

创作者并非只能将自品牌定位在一个领域，交叉赋能能够使自品牌定位更加鲜明、突出。如果创作者对某一领域十分了解，并对另一领域也十分擅长，那么就可以在这两个领域的交叉地带明确自品牌的定位，从而最大化地凸显优势。例如，创作者的优势领域为AI智能领域，同时对互联网领域也十分了解，那么创作者就可以定位于互联网和AI智能的交叉点，将自己打造为互联网AI智能专家。

创作者在进行定位时要注重垂直性，即将行业领域细分，专注于自身的专业领域，体现出自身在该领域内对资讯、观点的独特看法，从而获得该领域目标人群的认可。创作者应将自己打造成某一领域的专家，只有在自身垂直领域里足够优秀、足够权威，才能够获得更多用户的信任。同时，创作者要定位自品牌圈层，找到具有相似经济基础、需求的圈子，并通过年龄、性别、消费水平等条件定位目标用户人群，从而实现精准营销。

明确自身优势和瞄向的细分领域有利于创作者更好地进行自品牌定

位。精准的自品牌定位能够助力创作者进行精准营销，触达更多目标人群，提升自品牌的影响力。

^ 9.3.2　标签：打造并强化自身标签

在内容碎片化、时间碎片化的移动互联网时代，要想让人记住自己的品牌，创作者就需要打造并强化自品牌标签。创作者需要思考如何为自品牌设计一个贴合实际的标签，让标签被大众认识并接受。

积极正向、贴合实际的标签有助于吸引用户关注自品牌，容易给自品牌带来更高的话题度，从而使自品牌的影响力更为广泛。同时，自品牌的标签也要有个性，突出特色，这样有助于打造差异化竞争优势和记忆点。创作者可以从以下两个方面出发打造自品牌标签。

1.打造具备辨识度的标签

在信息爆炸的时代，创作者要想让更多用户了解其品牌，建立良好的品牌认知，就需要给自品牌打造一个具有辨识度的标签。有辨识度的标签不仅能提高用户对自品牌展开话题讨论的热度，提升自品牌的网络影响力和话题关注度，还有利于创作者价值观、理念的广泛传播。这样更容易让用户记住品牌，拉近自品牌与用户之间的距离。

2.打造个性化的标签

市场竞争的根本是用户心智资源的竞争，而为自品牌打造一个独一无二的个性化标签是创作者争夺用户心智资源的有效手段。个性化的标签就是不同于其他品牌的标签，很多创作者都将"专业"作为自品牌标签，但这样的标签较为大众化，难以突出自品牌特色。创作者从与众不同之处入手打造自品牌标签，更能形成差异化竞争优势，加深用户对于自品牌的印象。

在打造个性化标签时，创作者也要注重自品牌标签的真实性。有的创作者为了赢得用户的喜爱，会为自品牌打造过于完美的标签，但这种标签显然是不真实的。一旦自品牌"人设崩塌"，便会失去大量用户的喜爱，反而得不偿失。创作者需要真诚地与用户交互，坦然面对自品牌的不完美，用正向的理念、价值观影响用户的心智。

创作者打造并强化自品牌标签有利于体现自品牌的独特价值，提升自品牌形象，增强自品牌的影响力，塑造自品牌在市场竞争中的个性化和差异化优势。

9.3.3　持续展示：不断输出内容展示品牌效应

创作者应通过不断的学习积累专业领域知识，不断输出有价值、有内涵的内容，从而不断地吸引用户注意力，维护用户对品牌的认知和记忆，形成自品牌效应。

利用重复效应可以更好地提升自品牌的吸引力。用户在做消费决策时靠的不仅仅是理智，还有对产品的记忆和认知。因此，在推广自品牌时，创作者应不断输出具有特色的宣传点，使宣传点多次出现在用户的生活场景中，从而加深用户对于自品牌的印象。

创作者要始终围绕一个中心点或关键点输出自品牌宣传内容，如品牌定位、产品优势、价格优势等。创作者不要试图在一个广告里展示与品牌相关的所有信息，也不要同时为品牌投放多个不同核心的广告。同时，一个广告需要经过一段时间才可以看出效果，因此，自品牌要想占领用户心智，就需要占领用户时间，增加广告宣传的频次和渠道，将品牌信息深深地"钉"在用户心中。

用户往往会对重复出现的语音内容记忆更加深刻。例如，很多"洗脑"的广告语能够在用户的脑海中留存许久。因为这样的语音内容更容易触发用户神经，使品牌信息深深根植于用户的认知深处。

创作者对于自品牌的内容输出要尽可能地实现全网覆盖，将内容的关键点打造成自品牌宣传的核心。在不断输出内容的过程中，创作者应该明确地展现出品牌类型、品牌价值等，形成品牌效应。

9.3.4　多维转化：提供多样服务＋与其他品牌联动

实现多维转化是创作者打造自品牌的最后一个步骤。创作者在打造自品牌的过程中，应竭力为用户提供多元化的服务，并加强与其他品牌的联动。

首先，创作者需要树立较强的服务意识。打造服务意识需要创作者建立全方位的自品牌服务体系，将用户体验放在品牌运营的第一位，将服务体系视为一个整体，构筑完善的服务链。创作者应减少自品牌服务的中间层次和环节，实现品牌服务的信息化、扁平化，并建立自品牌与用户之间的共同利益点，树立"一切以用户为先"的理念，形成高质量的服务模式，发挥服务价值的最大化。

创作者应明确品牌所处行业的服务理念，不断拓展品牌服务范围。例如，酒店类自品牌创作者可以从前台、迎宾、室内体验、房间保洁等方面为用户提供更多种类的服务。在同类型品牌中，能够为用户提供更多、更好的服务的品牌往往更容易吸引用户的注意。自品牌打造应从用户的角度出发，用户的需求和痛点永远是创作者打造自品牌的核心。

其次，品牌的联动发展更容易实现自品牌的多维转化。创作者需要加强自品牌与其他品牌之间的联动，挖掘出更广阔的自品牌发展空间，打破用户对其自品牌的固有认知。在进行品牌联动时，创作者可以引入一些与联动品牌或自品牌相关的热门话题来提高品牌联动的热度，获得更好的联动宣传效果。

在进行品牌联动时，创作者应注意保护自品牌的"主角光环"，避免因对方品牌过于强势而弱化了自品牌的联动价值。同时，创作者要分析自品牌与联动品牌的受众群体是否一致，只有找到共同的受众群体，才能使品牌联动的营销效果最大化。

此外，在进行品牌联动时，创作者应坚持适度原则。当话题影响力已经达到最大化时，创作者需要及时收手，等待下一次的联动，而不是一味地追求当下的流量，造成"拖泥带水"的局面，使用户产生厌恶感。

提供多元化服务、加强与其他品牌联动是自品牌实现多维转化的重要方法。创作者在打造自品牌的过程中，要循序渐进地走好每一步，充分发挥自品牌的优势，打造出独一无二、无可替代的新时代自品牌。

9.4　未来展望：Web 3.0下的新兴自品牌

随着Web 3.0时代的到来，很多自品牌悄然兴起。新兴自品牌的发展，为经济发展注入了新的活力。同时，用数字技术为品牌赋能已经成为Web 3.0时代新兴自品牌的重要发展途径。

︿9.4.1　虚拟建筑师：打造自身虚拟建筑工作室

随着Web 3.0时代相关技术的发展，虚拟建筑师将是未来建筑师的主流派系之一。虚拟建筑设计满足了虚拟世界用户对城市发展、房屋建造的内在需求，是随着时代进步而产生的新型建筑模式。

以"烤仔建工"为例。烤仔建工是一支承建虚拟建筑的施工队，致力于成为现实世界与虚拟世界相互贯通的新型桥梁。

烤仔建工团队中80%的建筑师都来自传统建筑行业。在成为虚拟建筑师之前，他们需要花费较长的时间熟悉建模软件，从而根据自己的建筑设计经验和建模技术对客户提出的建筑要求进行个性化定制，最终给予客户一个满意的方案。

与传统图纸设计相比，虚拟建筑设计会相对轻松一些。不过，虚拟建筑世界的元素较为多元化，如何使虚拟建筑设计更具创造性是每一位烤仔建工成员需要思考的问题。

虚拟世界与现实世界在建筑规划方面大同小异，虚拟世界城区也分为中心城区和郊区。虚拟世界的中心城区房价同样更贵，郊区房价则相对便宜。烤仔建工力争将部分现实中的街道设计还原至虚拟世界中，力争给用户最真实、更加沉浸的体验，推动虚拟建筑理念的推广与虚拟建筑的销售。下图为烤仔建工团队建造出来的城市作品——天空之城。

烤仔建工团队建造的天空之城

虚拟世界的建筑团队如果只是单纯地进行土地开采和房屋建造，那么其对于用户的吸引力还远远不够。在建造房屋的过程中，虚拟世界的建筑团队可以举办一些相应的活动来吸引用户。例如，建筑团队为某一新建小区策划虚拟开工或完工活动，用活动进行商业赋能，吸引用户注意力，创造更多收益。

相较于传统建筑师，虚拟建筑师的思维和视野需要进一步开拓，并不断将虚拟建筑世界的概念和审美渗透其建筑理念和专业素养中，建立成熟的虚拟建筑团队和虚拟工作室，从而在虚拟世界获得更多的收益。

⌃9.4.2 虚拟形象设计师：打造自有形象设计品牌

虚拟形象设计师能够通过技术手段将3D卡通人物"复活"，使人物形象动起来，打造出超写实虚拟人和二次元虚拟形象。如今，虚拟形象设计已经成为Web 3.0时代最热门的虚拟设计赛道之一。

虚拟形象设计师是Web 3.0时代下催生的一种新兴职业，包括为品牌打造虚拟IP形象的设计师、为用户"捏头像"的捏脸师等。随着虚拟设计师不断涌现，虚拟形象设计品牌相继创立，赚取Web 3.0时代的红利。

以虚拟形象设计品牌相芯科技为例，相芯科技是浙江大学计算机辅助设计与图形学国家重点实验室周昆教授带领其团队创建的虚拟形象设计自品牌。相芯科技汇集了众多虚拟设计高端人才，通过XR技术创新，研发出三维重建、AR渲染、人脸跟踪、语音合成、物理仿真等核心技术，致力于为用户提供智能交互的3D虚拟数字人形象。

相芯科技自主研发的虚拟数字人引擎，将计算机图形学、动作驱动、语言和语义识别等AI技术深度融合，使虚拟数字人具备表达能力和智能交互能力；并将AI技术覆盖至虚拟人建模、场景互动、内容生产等多个环节，用户可以对虚拟数字人进行"捏脸""换装"等操作，并与虚拟数字人进行实时对话和互动。相芯科技的虚拟数字人引擎为众多企业、平台提供了全栈式虚拟形象设计服务。

相芯科技用技术刻画虚拟数字人的音容笑貌，描绘虚拟场景的流光溢彩。相芯科技是Web 3.0时代虚拟世界的重要搭建者，其对虚拟形象设计的成功创新鼓舞了许多虚拟形象设计自品牌的创立。

9.4.3 数字服装设计师：打造自有虚拟潮牌

Web 3.0时代的发展促使部分传统的服装设计师向数字服装设计师转变，数字服装设计师借助先进的数字艺术设计理念打造出众多广受年轻人喜爱的虚拟潮牌，在Web 3.0时代的虚拟市场中获得了优异的成绩。

例如，Mishi McDuff是一位来自美国的数字时装设计师，她在Roblox平台兼职，一年可以获得大约6万美元收入。随后，她建立了自己的虚拟时尚品牌Blueberry，年收入大约100万美元。

Mishi McDuff专注于自己的设计事业，其虚拟时尚品牌Blueberry不仅入驻了Roblox、Fortnite和Spatial等平台，还与奢侈品品牌展开合作，为虚拟空间时装周提供系列服装。

Blueberry自从创立后，一直稳步发展。随着以Roblox为首的内容生成平台的发展，虚拟服装的盈利也更加可观。在帮助《堡垒之夜》、*Spatial*等多款知名游戏设计服装后，Blueberry的知名度大大增加。

Blueberry十分注重品牌口碑。虚拟服装行业比现实世界中的服装行业竞争更为激烈。借助工具，每个用户都可以成为虚拟服装设计师，成为品牌的竞争者。因此，口碑十分重要。用户可能会在社交软件上相互推荐品牌，或者在游戏中相互交流。Blueberry在保证虚拟服装质量、维持良好口碑的同时，还利用虚拟网红推荐、在虚拟杂志上投放广告等方式进行推广，挖掘潜在用户。

随着Web 3.0的发展，用户对于虚拟服装的需求不断增加。年轻的虚拟服装设计师不断在虚拟空间进行创作，努力打造自己的虚拟潮牌。未来，虚拟服装设计师将在Web 3.0时代创造属于自己的时尚天地。

第 10 章

品牌IP重塑：
Web 3.0赋能品牌打造立体IP

IP打造的实质是打破品牌与用户之间的隔阂，使品牌符号化、人格化，以此吸引用户，形成粉丝经济。Web 3.0能够赋能品牌打造立体IP，很多品牌借助VR、大数据等技术，对品牌IP进行重塑，为品牌发展注入活力。

10.1　当前时代下，品牌IP打造的三大维度

在Web 3.0时代，打造品牌IP已经迫在眉睫。品牌可以通过打造品牌IP的方式树立形象，与用户建立密切联系，实现价值转化。很多品牌已经着手打造自己的IP，在打造IP时，品牌可以从3个维度入手：产品IP、品牌IP、企业家IP。

∧ 10.1.1　产品IP：以系列的方式打造产品IP

优秀的产品IP是品牌吸引用户的关键，也是品牌的立足之本。品牌以系列产品的方式打造产品IP，既能够使用户对产品产生情感依恋，也能够不断地推陈出新，给予用户新鲜感。

例如，百事可乐一直在碳酸饮料市场长盛不衰，与其以系列产品方式打造产品IP的战略息息相关。在国潮崛起的大趋势下，百事可乐在古代诗词中提到的数百种植物中挑选了桂、桃、竹3种具有丰富内涵的植

物，根据用户的口味偏好，推出了桂花味、白桃乌龙味、白柚青竹味 3 款口感丰富的百事"太汽"系列可乐。同时，百事"太汽"系列可乐在视觉设计上也让人眼前一亮。具有东方韵味的植物点缀在百事的经典蓝罐上，精致又柔美，传统与潮流在包装上实现融合，形成别样的国风设计风格。

百事"太汽"系列可乐对国风文化的探索并不止于此。在中国传统文化中，竹子是"花中四君子"之一，具有柔韧坚毅的品质。百事可乐与竹子元素融合，表现出了国风文化的厚重感，复古与现代的碰撞，吸引了年轻用户的注意。

为了提升百事"太汽"系列可乐的知名度和文化底蕴，百事可乐还与非遗带头人卢英华老师进行了跨界合作。百事可乐将时尚前沿的水桶包以竹编的方式呈现：年轻活力的百事蓝与古朴的竹条交错编织，形成了一个个竹编单品。同时，百事可乐与新华社客户端共同拍摄了纪录片《竹艺新生》，记录了竹编单品的诞生过程，用户跟随节目组的脚步就能够了解一件精美的竹子编织品背后的精湛工艺。

为了让"太汽"系列可乐在更多层面触达年轻消费群体，百事可乐同时在聚集大量年轻用户的抖音、微博等平台上开展了营销活动。在抖音，百事可乐上线气质桂花妆滤镜、发起了国风仿妆挑战赛，并为此准备了丰厚的奖品，以吸引年轻消费者的注意力，并最终实现营销转化。在微博，百事可乐联动多位娱乐"大 V"一起为"太汽"系列桂花味可乐宣传，进一步扩大产品的影响力，触达更多潜在消费者。

百事可乐的营销活动无疑是成功的，"太汽"系列可乐上线后在短时间内便打开了市场，获得了不俗的销量。百事可乐通过推出百事系列产品，吸引了更多用户的关注，强化了品牌在用户心中的印象。

以系列产品的方式打造产品IP可以为用户提供更多的选择，强化用户对于产品的印象，更有利于塑造立体的产品IP。

∧ 10.1.2　品牌IP：立足整体，强化IP势能

在Web 3.0时代，每个品牌都应积极寻找强化品牌IP势能的路径。品牌IP是品牌战略的最佳载体，拥有超强活力。一个品牌IP能够带动整个系列产品的发展，所以，品牌应该打造精品品牌IP，立足整体，强化IP势能。

例如，康师傅就十分重视打造品牌IP，无论推出什么产品，都以康师傅作为品牌名称，强化康师傅的品牌IP，扩大影响力。2022年4月，康师傅联合知名动漫IP"罗小黑"推出康师傅黑糖奶茶。康师傅在茶饮市场一向走在前列，康师傅绿茶和冰红茶都深受用户喜爱，康师傅推出黑糖奶茶是想抢占奶茶市场份额，促进品牌发展。

康师傅黑糖奶茶选用优质原料，历经多道工序加工，保留了许多微量元素。同时，又融入了高品质牛奶，口感丝滑。黑糖奶茶本身质量过硬，而康师傅与罗小黑联名，更实现了强强联合，有利于助力其成为爆款奶茶。康师傅黑糖奶茶还推出了与罗小黑的联名礼盒，在抖音平台

首发，异常火爆，可以吸引更多品牌忠实用户参与，为用户提供互动机会。

康师傅还会定期举办康师傅IP形象设计大赛。大赛不仅为高校艺术类的学生提供了创意展示平台，还通过学生的作品，实现了品牌IP焕新。参加比赛的学生结合康师傅的品牌文化、经营理念，用多种艺术手法，将自己对品牌IP的理解融入一件件艺术作品中。通过比赛，康师傅不仅将企业文化在年轻用户中传递，还建立了更加活泼年轻的IP形象，强化了其在年轻用户心里的位置。

10.1.3　企业家IP：企业家成为品牌代言人

近几年，越来越多的企业家主动走向台前，与用户进行交流。许多品牌都在打造企业家IP，使企业家成为品牌代言人，以企业家的人格魅力俘获用户。

例如，小米就是打造企业家IP的典型案例。小米是国产主流手机品牌之一，以高性价比为特点，拥有广泛的用户群体。小米的发展离不开其创始人雷军的努力，雷军是互联网行业的"大咖"，拥有众多的个人粉丝。

2020年8月，雷军举办了一次"小米十周年"演讲活动，吸引了大量"米粉"的围观。雷军在演讲中回顾了小米的发展历史、取得的成就，并对未来发展做出展望，引得"米粉"感慨万分。为什么雷军的演讲能够吸引众多"米粉"的目光？"米粉"的狂热不仅是对小米品牌的崇拜，还是对雷军个人的崇拜。

在最开始推出小米手机时，雷军主张"为发烧而生"，将小米第一代手机定为1999元，主打产品的性价比。雷军曾表示，小米在硬件方面的利润不会超过5%，力求以更实惠的价格让更多的人体验到小米的产品。

雷军的这种坚持获得了广大"米粉"的认可，其也通过宣传自己的经营理念和创业故事、召开小米手机发布会、在微博上与粉丝互动等方式吸引了粉丝的广泛关注，成功地打造了自己的个人品牌。

在营销方面，为了推广小米MAX，雷军亲自直播，吸引了数千万粉丝围观。在直播中，他不仅向消费者展示了小米MAX的功能与性能优势，还讲解了许多关于伪基站的知识，获得了不少关注。直播过后，小米MAX的销量有了惊人的上涨，实现了销售额新突破。

其实小米MAX除了放大了手机屏幕外，在技术上并无太大突破，但由于雷军具有很强的影响力和号召力，形成了企业家IP，能引导更多的粉丝购买产品，因此推动了小米MAX销量的增长。

一个优秀的品牌，不仅要依靠优秀的产品，还要有人文情怀。雷军将"与用户交朋友"的观念传递给用户，打造了亲和的企业家IP形象，获得了用户的支持与喜爱。这种喜爱也反馈在了小米的销量上，为小米的发展持续助力。

∧ 10.1.4　迪士尼：以产品 IP 强化品牌 IP

迪士尼于 1923 年成立，距今已有百年的历史。从一间小小的动画工作室到如今拥有众多知名产品 IP 的国际品牌，迪士尼经历了漫长曲折的过程。纵观迪士尼的发展史，其获得成功的最重要的因素在于其对产品 IP 的经营，以产品 IP 强化品牌 IP，创造了巨大的价值。拥有众多产品 IP 的迪士尼，是如何运营 IP 的？

1. 立足内容生产，打造精品 IP

迪士尼如今的发展，离不开其优秀内容的生产。1928 年，怀特设计出动画角色米奇，其拥有圆圆的耳朵，灵动的双眼，看起来十分可爱。随着世界上第一个有声动画《威利号汽船》的播出，米奇一炮走红，风靡全球。随后华特顺势推出《米奇和他的朋友们》，塑造了唐老鸭、高飞等形象，获得了许多用户的喜爱。

在精神层面，迪士尼也一直秉承着传播快乐的理念。米奇即便身处困境，也总是面带笑容，努力拼搏。米奇代表着勇敢、诚实的良好品格，获得众多用户的喜爱。

在电影方面，迪士尼手握众多知名 IP。迪士尼收购电影企业福克斯之后，拥有包括《复仇者联盟》《X 战警》在内的所有漫威电影的 IP 版权，持续火爆的《加勒比海盗》系列电影的 IP 版权也在迪士尼手中。迪士尼不仅收购了许多优秀 IP，还致力于开发属于自己的全新 IP，创作了许多精品内容。

2.打造迪士尼乐园，与IP形象亲密接触

迪士尼乐园是迪士尼旗下的主题乐园，为用户提供了体验童话故事场景的机会。迪士尼乐园包括主题酒店、迪士尼小镇以及一系列配套娱乐设施，用户可以在迪士尼乐园中游玩，和动画电影中的IP形象人偶互动。

其中，玲娜贝儿是上海迪士尼乐园中十分受用户欢迎的IP形象之一。2021年9月，玲娜贝儿在上海迪士尼度假区首次亮相，在没有任何预热的情况下火爆全网，短时间内俘获了大量用户的喜爱。许多用户多次游玩迪士尼乐园，只为了与玲娜贝儿多次见面。玲娜贝儿的相关周边一经发售便火速售罄，热度居高不下。

在以玲娜贝儿为首的IP形象爆火的背后，体现了迪士尼对于用户心理的揣摩。迪士尼瞄准了年轻用户的爱好，将玲娜贝儿设定成粉色的狐狸女孩。其拥有美丽的外表，是一个热爱自然、勇敢、活泼的冒险家，在某种程度上，玲娜贝儿体现了当代年轻人勇敢追求、展现自我的价值观。

迪士尼通过打造众多IP形象与用户互动，加强了品牌与用户之间的情感连接。迪士尼乐园为用户构建了一个童话世界，放大了IP形象的价值。

3.进行IP商品授权，售卖IP周边进行变现

迪士尼的产品IP具有超强的变现能力。迪士尼的IP变现主要是通过

IP授权实现的。电影《冰雪奇缘》火爆后，北美市场售出超过300万件周边服饰，迪士尼获得了巨额利润。

许多品牌也纷纷与迪士尼合作授权，售卖与迪士尼经典IP有关的产品。迪士尼的经典IP形象覆盖了用户生活的方方面面。例如，五芳斋推出了美国队长盾牌造型的粽子，森马推出了迪士尼元素的男性针织外套，工商银行发行了迪士尼邮票纪念钞等。

一般来说，购买周边的用户是最忠实的消费群体，具有极大的消费潜力。用户购买IP周边并不只是单纯的商业购买行为，而是通过这种方式来表达对相关IP角色的喜爱，获得情感寄托与快乐。大量IP周边也会影响其他用户的消费选择，促进消费。

4.借助新技术，扩大影响圈层

迪士尼也在借助互联网新技术积极扩大自身的影响力。迪士尼搭建了自己的流媒体平台矩阵，包括Disney+、hulu和ESPN+。在推出新的IP时，迪士尼会在第一时间在自己的流媒体平台上发布相关信息，通过独家播放实现有效宣传。同时，迪士尼还打造了虚实结合产品，在Steam发布了Disney Movies VR应用，使得用户能够进入不同主题的虚拟世界游览，获得身临其境的体验。迪士尼借助新奇的技术，吸引了大量渴望尝试新体验的年轻用户。

迪士尼的发展扩张离不开其IP矩阵的搭建。迪士尼将其产品线延伸到各个生活场景中，以产品IP强化品牌IP，使得迪士尼这个IP渗透到用户生活的方方面面。

在 Web 3.0 火热发展的形势下，品牌要借助 Web 3.0 时代的各项先进技术，打造强劲的产品 IP，扩大品牌影响力，实现更好的发展。

10.2　Web 3.0 时代下，品牌 IP 打造更加立体

IP 是品牌内容的符号化、人格化，也是品牌与用户之间的一种情感连接。在 Web 3.0 时代，品牌可以运用打造自有虚拟数字人 IP、发布旗下经典 IP 的数字藏品、在虚拟世界中打造品牌符号的方法，吸引用户的注意，使品牌 IP 更加立体。

10.2.1　打造自有虚拟数字人 IP，为品牌代言

在 Web 3.0 时代，品牌 IP 打造方式发生了全新转变：由传统的注重品质、外观转变成注重 IP、应用场景。品牌 IP 打造更强调品牌与用户之间的情感沟通，因此许多品牌选择打造自有虚拟数字人 IP，为品牌代言。

在虚拟数字人 IP 火热的当下，奢侈品品牌也在推进虚拟数字人的打造进程。2021 年 10 月，Prada（普拉达）推出了由 4 款女性香水组成的全新香氛系列 Prada Candy，并在 Ins 和 TikTok 等社交平台发布了全新的 Candy 香水宣传视频。视频中有一位虚拟模特，她脸上有雀斑，拥有自

然随性的"野生眉"、紫罗兰色的眼眸以及棕色个性短发，这便是Prada推出的与该款香水同名的虚拟数字代言人"Candy"。"Candy"是一位古灵精怪的女生，紫罗兰色的眼眸也与Candy香水的色调相符，十分契合香水的设计理念。

Prada Candy系列香水已经面世10余年，而此次推出新款香水与虚拟数字代言人，则是面向年轻用户的新尝试。"Candy"的出现，打破了Prada只采用明星和"网红"代言的营销策略，是Prada在Web 3.0时代一次新的尝试。

让虚拟数字人"Candy"作为品牌代言人，不仅可以为品牌注入活力，还可以吸引年轻用户的关注，促使品牌年轻化。Prada的香水业务负责人也对"Candy"代言充满期待，其表示年轻用户能够通过"Candy"认识Prada，而这些用户也正是Candy系列香水的消费群体。

虚拟数字人以更加新奇的方式拉近了品牌与用户的距离，扩大了品牌在年轻用户群体中的影响力。虚拟数字人作为品牌代言人，能够帮助品牌尽快实现差异化和年轻化，快速建立品牌标识，打入年轻用户内部。同时，虚拟数字人IP对于品牌有着绝对的忠诚度，是品牌可以永久持有的数字资产。

10.2.2　以旗下经典IP发布数字藏品，强化IP影响力

数字藏品的横空出世，使得品牌与用户之间的互动更加多元化，也

逐渐成为品牌破圈的媒介。品牌以旗下经典IP发布数字藏品，能够提升品牌在用户心中的形象，强化品牌IP的影响力。

在数字藏品如此火热的当下，许多影视IP开始进军数字藏品界，强化其IP影响力。例如，DOPAI是一个集合Web 3.0与虚拟空间的综合项目，其致力于建立一个全新的数字藏品平台，尝试用数字藏品赋能IP，增强IP影响力。2022年11月，DOPAI"狮子王"数字藏品全球限量首发。该系列数字藏品通过展现东方特色以及独特的艺术美学，符合当代艺术潮流，积极拥抱年轻用户，是一组深厚文化底蕴与时代精神相融合的IP藏品。

"狮子王"数字藏品由《狮子王（The Lion King）》IP原创作者Davy Liu、DOPAI以及多家公司联合发行。该数字藏品的灵感来自美国著名导演乔恩·费儒执导的电影《狮子王》，以数字藏品的形式将国际、跨界、融合的理念传递给了喜爱《狮子王》以及喜爱数字藏品的用户。

"狮子王"数字藏品旨在鼓励年轻用户，无论现实如何，要一直拥有对生活的热爱，坚定自己的信念，勇敢奔赴热爱之旅。这也是"狮子王"数字藏品的意义所在。它不仅是一件数字藏品，还是一种传承、一种精神。无论岁月如何变迁，《狮子王》故事里所传递的精神不会改变。

DOPAI作为全新的数字藏品平台，与知名IP深度联动，既可以为数字藏品赋予更高价值，也可以利用双方的热度扩大影响力。未来，DOPAI将持续将数字藏品与著名IP结合，为双方的发展创造更多的可能性。

目前，数字藏品仍处于蓬勃发展的阶段。品牌借助旗下经典 IP 发布数字藏品，可以在 Web 3.0 时代探索出一条可持续盈利的道路，品牌的影响力也将进一步扩大。

10.2.3　在虚拟世界中打造品牌符号，加快品牌 IP 传播

品牌在塑造自身 IP 的同时，也要打造专属品牌符号，避免同质化问题。好的品牌符号可以降低传播成本，实现品牌快速传播。如何结合品牌自身需求打造定制化的品牌符号，也是品牌需要思考的问题之一。

品牌应如何在虚拟世界中打造品牌符号？国盛证券在这方面进行了初步探索。2021 年 7 月，国盛证券在 Decentraland 中的虚拟总部上线，这是我国券商对虚拟世界的一次积极探索。

国盛证券研究院虚拟总部分为一楼和二楼。一楼是国盛证券研究院的成果展示区，用户点击某个成果可以跳转至公众号的文章。一楼中间的背景墙上是国盛证券研究院的简介，包括相关的采访报道和活动照片等。大厅中央是国盛区块链研究院的吉祥物，其可以和用户进行简单的互动，并对虚拟建筑进行介绍。

国盛证券研究院虚拟总部的二楼是会议大厅，国盛证券将这里作为路演或与用户交流的场所。扎根于 Decentraland 的国盛证券研究院虚拟总部成为国盛证券在虚拟世界的品牌符号。国盛证券研究院虚拟总部上线当天，吸引了许多虚拟空间爱好者前来参观。

品牌符号是一个品牌的对外形象代表，也是一个品牌的灵魂所在。在竞争十分激烈的虚拟空间市场中，品牌符号可以体现出品牌的价值内涵与文化底蕴，加快品牌IP传播，提升品牌IP影响力。

10.3　品牌IP重塑已覆盖诸多领域

品牌IP重塑是品牌在Web 3.0时代获得良好发展的前提，能够使品牌焕发新活力。品牌IP重塑能够使品牌在获得流量的同时，创造更多的消费场景，提升用户对品牌的关注和认知。如今，已经有许多品牌开始进行IP重塑，持续扩大覆盖的领域，打造立体的品牌IP。

10.3.1　文旅：敦煌研究院积极探索数字文创，打造国潮IP

全球逐步迈入数字化时代，数字科技的进步为文化领域带来了全新发展模式。敦煌研究院积极探索数字文创，致力于打造国潮IP，将传统文化与多种产品融合，推动中国传统文化的发展。

1.数字藏品推动国潮IP发展

数字藏品是技术发展下的新型产物，也是数字技术与数字艺术融合的途径之一。在数字化发展趋势下，敦煌研究院先后打造许多不同主题的敦煌数字藏品，在迎合年轻人需求的基础上推动了敦煌文化的传播。

例如，2022年6月，敦煌画院与H艺术空间联合推出了"敦煌众神，今在宇宙"敦煌宇宙系列、"仙乐飞天，穿越而来"敦煌仙乐系列数字藏品。将千年的敦煌文化与数字科技融合，打造一场国潮文化盛宴，勾起年轻用户对传统文化的好奇心。

"敦煌众神，今在宇宙"敦煌宇宙系列包含与套数字藏品：《掌中的九色鹿》《镜中的美人菩萨》《菩萨亦时尚》《当龙王成为宇航员》《供养人来了》。敦煌画院的年轻艺术家在原壁画的基础上进行了创新，将现代与传统融合，绘制出敦煌众神在宇宙中的模样，他们或头戴宇航员的帽子，或头戴金光闪闪的珍贵珠宝，显示出了经典与潮流的碰撞。

"仙乐飞天，穿越而来"敦煌仙乐系列数字藏品包含6套数字藏品：《琵琶飞天 灵动之音》《箜篌飞天 稀世之音》《弹钹飞天 铿锵之音》《腰鼓飞天 霹雳之音》《吹笛飞天 涤荡之音》《吹笙飞天 热情之音》。仙乐系列数字藏品的灵感来源于敦煌壁画中的飞天伎乐，将琵琶、箜篌等具有传统民族特色的乐器与飞天结合，表现出一片祥和之景。

飞天伎乐、菩萨、供养人等传统敦煌人物，在敦煌画院年轻艺术家的笔下，重新焕发了生机。在保留敦煌经典元素的同时，年轻艺术家将他们刻画得更加年轻、活泼、生活化与新潮，在年轻用户中深受欢迎。这一次的创作，是对敦煌形象的重新挖掘，推动了国潮IP的发展，也是对敦煌文化的保护，以数字藏品的方式将敦煌文化在数字世界中重现。

2.跨界合作，打造国潮IP

"国潮IP＋产品"的跨界融合能够衍生许多新奇的产品，使得国潮IP跨圈传播，拓展了文化艺术数字产业的新阵地。敦煌国潮IP也尝试与许多年轻品牌合作，借助品牌影响力，促进国潮IP发展。

例如，敦煌画院以发扬敦煌文化为使命，打造了"不可思议的敦煌"国潮IP，与众多品牌展开合作。"不可思议的敦煌"与新中式糕点品牌"泸溪河"推出了联名糕点咖啡椰丝软桃酥、蜂蜜柚子软桃酥等，将年轻用户轻松的生活态度与敦煌经典形象相结合，深受年轻用户的喜爱；与厨具品牌"老板"联合推出"大唐来了"系列蒸烤一体机，将传统美学与现代厨具相融合，为用户带来消费新体验；与"三联中读"推出以九色鹿为主题的会员年卡和文创礼盒，做有温度的敦煌文创；与"感映艺术"合作，推出"敦煌神兽奇妙日"展会，更多用户可以观赏到敦煌神兽。

敦煌文化是中国传统文化的精华，敦煌国潮IP用现代手段将敦煌文化转换成年轻用户喜爱的形态，重新走入年轻用户的视野。

"不可思议的敦煌"国潮IP以传播敦煌经典文化为根本使命，和食品、厨电、图书等多个领域的品牌展开合作，向年轻用户传播敦煌文化，构造出敦煌文化产业图谱，实现商业价值与文化输出的共赢。

3.短视频节目传递千年敦煌文化

如今，短视频风口正劲，为了推广敦煌文化，巨量引擎、今日头条和上乘优品共同出品《敦煌藏画》节目。《敦煌藏画》节目以敦煌文化为切入点，以嘉宾作为引导者，拜访敦煌文化的守护者。在拜访的过程中，年轻用户将会随着嘉宾的脚步逐渐了解敦煌壁画、文物修复等方面的知识。

近几年，传统文化类节目频出，无论是《我在故宫修文物》还是《国家宝藏》，都获得了极高的话题讨论度、关注度。而《敦煌藏画》节目能够将敦煌文化以数字化的方式进行保存与推广，使更多人了解到敦煌文化的魅力。

节目出品方选择敦煌文化进行推广，是因为敦煌本身具有丰富的故事。从高僧"乐尊"开凿第一个洞窟，到武则天时期的窟室众多，再到元代走向没落，敦煌石窟曲折的命运中蕴含了诸多故事元素。以敦煌文化为背景打造多样的艺术藏品能够满足用户的猎奇心理以及对传统文化的探索欲。

本次《敦煌藏画》节目是巨量引擎"焕醒敦煌计划"中重要的一环。用户可以跟随节目组的脚步，拜访守护敦煌的匠人，了解和体验敦煌壁画的保护、修复知识。节目组将敦煌壁画的修复过程完整地展示给用户，可以使用户感受到敦煌文化背后的历史传承。

未来，巨量引擎将会继续推进"焕醒敦煌计划"，借助直播、Vlog、品牌合作等方式对敦煌 IP 进行营销，向年轻观众传播神秘、厚重的敦煌文化。

⌃ 10.3.2　城市：虚拟形象"苏小妹"为眉山代言

品牌IP重塑已经覆盖了多个领域。在城市形象塑造方面，眉山打造了虚拟形象"苏小妹"。苏小妹是一个在虚拟空间中诞生的虚拟人物，还曾登上北京春节晚会。传闻中，苏小妹是苏东坡的妹妹，在民间具有广泛的知名度。因此，苏小妹被特聘为眉山的数字代言人和"宋文化推荐官"。

眉山是一座具有深厚历史的古城，是苏洵、苏轼、苏辙三人的故乡。两宋期间，眉山曾有886人考取进士，也被称为"进士之乡""千载诗书城"，可见其底蕴深厚。眉山的名胜古迹众多，有三苏祠、黑龙滩、彭祖山、江口崖墓等。眉山作为文人辈出之地，是传承中华文化的重要载体。

虚拟形象"苏小妹"是带领用户了解眉山的绝佳载体，以文化寻根之旅的方式向用户展现眉山的风土人情，发布游览眉山的系列短片。在短片中，苏小妹带领用户参观三苏祠，体会园林艺术；体验当地非遗技艺，感受传统文化魅力；品尝当地的传统美食，如雅妹子风酱肉、仁寿黑龙滩全鱼席等。苏小妹以城市漫步的方式结合数字技术，传递眉山千年文化。

眉山打造苏小妹IP，与其传播文化的需求不谋而合。眉山拥有悠久的历史、丰富的文化资源。以苏小妹IP作为城市代言人，可以将传统文化与现代科技相结合，不仅可以扩大眉山的影响力，还可以提升眉山的文化价值。

苏小妹 IP 体现了虚拟技术赋能城市文化、经济发展。依托于虚拟形象 IP，眉山可以打破圈层，跨越沟通壁垒，打通虚实传播路径，发扬眉山的地域特色，助力眉山文化产业的快速发展。未来，苏小妹将会不断创作以苏东坡和宋代文化为中心的优质内容，将苏东坡的故事传递给更多年轻用户。

10.3.3　日化：屈臣氏布局"虚拟偶像 +VR 动感乐园"

屈臣氏作为知名日化品牌，提早开始了品牌 IP 布局。屈臣氏的布局主要分为两个方面：一方面打造虚拟偶像"屈晨曦"，另一方面建立 VR 动感乐园。屈臣氏通过这两方面的布局，抢占全新的数字市场。

屈臣氏创造了一个品牌自有的虚拟偶像"屈晨曦"，打破了次元壁。屈晨曦以潮流少男的形象出现，在屈臣氏的小程序中担任品牌顾问，为用户介绍产品、做测评，还可以与用户进行游戏互动、语音聊天。同时，屈晨曦还会参与品牌直播，在直播间售卖产品，在社交平台上更新日常动态。屈晨曦就像用户身边一个亲近的朋友，随时随地分享自己的动态，与用户建立情感联系。

2020 年 9 月，屈晨曦以屈臣氏 AI 品牌代言人的身份登上《嘉人 NOW》的杂志封面。作为新生代虚拟偶像，能够得到潮流杂志的青睐，表明屈晨曦具有无限潜力。屈晨曦与《嘉人NOW》的合作，标志着其业务范围的扩大。从聚焦美妆护肤，到提供美丽生活一站式服务的转变，屈晨曦满足了用户的多元化需求，增强了用户黏性。同时，屈晨曦的人物形象更加立体、真实。

在IP场景建设方面，屈臣氏推出VR动感乐园。VR动感乐园的内容十分丰富，有游戏区、运动区、虚拟商店等。用户可以在虚拟世界中获得沉浸式的玩乐体验。屈臣氏建立VR动感乐园的初衷是希望用户在家中也能够保持身心健康。同时，屈臣氏还根据不同地区的特点，在VR虚拟乐园中融入当地元素。例如，马来西亚的用户可以在游乐园中学习当地菜品的制作，尝试烹饪一顿美味的菜肴。

打造品牌IP能够提升品牌的商业价值。屈臣氏双线布局，打造了核心IP形象，创造了商业化场景，既体现了人文关怀，又使得IP形象更加立体化。